［第２版］

会社のつくり方

経営学の理論に基づく起業

鈴木好和［著］

創 成 社

第2版の序

初版を上程したのち、いくつかの法改正や制度改革があり、本の内容が不適切なものになりました。そのため、修正を施して第2版とします。

法改正やデータの陳腐化は、この出版時点でも生じています。これらにつきましては、ご自分で再確認して頂きますようお願い申し上げます。引用文の漢字とひらがなについては、本文に統一させていただきました。

本版も不完全なものでありますが、よりよいものにするため、読者のご指導とご指摘をいただければ幸いです。

創成社の塚田尚寛代表と西田　徹氏には、執筆に際しお世話になり感謝申し上げます。

２０２０年１月

筆　者

目次

第2版の序

序章 さまざまな理論……1

第1章 会社とは何か……7
1 法人……11
2 その他の事業体……14

第2章 企業形態……17
1 個人企業……17
2 合名会社……18
3 合資会社……19
4 合同会社（LLC）……20
5 特例有限会社……20
6 株式会社……21
7 相互会社……33

第3章 ベンチャービジネス……35
1 ベンチャービジネスとは何か……35
2 多様な起業家精神……38
3 ベンチャービジネスの必要性……42
4 ベンチャービジネスの設立……45
5 パートタイム起業……46
6 ベンチャービジネスのタイプ……49
7 ガゼル企業……52
8 SOHO（ソーホー）……53
9 創業支援……53
10 ビジネスプランの策定……60
11 開業費用……63

第4章 企業と市場……69
1 市場とは何か……69
2 マーケティングの必要性……71
3 製品マネジメント……75
4 価　格……79

5 プレース……81
6 プロモーション……86
7 経営資源の調達……88

第5章 ミッションと経営計画……97
1 計画の必要性……97
2 計画の実際……99

第6章 経営組織……110
1 組織の概念……110
2 管理原則……111
3 組織の基本形態……115
4 組織の選択……124

第7章 人的資源管理……130
1 人的資源管理とは何か……130
2 採　用……131

3 人材育成……132
4 人事考課……136
5 労働時間と賃金……138
6 安全衛生管理……141
7 労働関係の終了……145
8 HRテクノロジー……146

第8章 リーダーシップ……150
1 リーダーシップとは何か……150
2 リーダーシップとマネジャーシップの違い……154
3 企業文化とリーダーシップ……157

第9章 企業の社会的責任……162
1 コンプライアンス……162
2 経営倫理……163
3 社会的責任の起源……164
4 コーポレートブランドとESG……165
5 CSRの出現……168

6 株主主権論と社会的責任……171
7 環境経営の推進……173

第10章 NPO……180
1 NPOとは何か……180
2 NPO法人の設立……181
3 NPO法人と類似組織……183
4 NPOの存在意義……187
5 企業とNPOのパートナーシップ……188
6 NPOのマーケティング……189
7 NPOの問題……190

第11章 コーポレートガバナンス……193
1 コーポレートガバナンスとは何か……193
2 バーリとミーンズの研究……194
3 経営者支配論の展開……195
4 銀行・金融支配論の展開……195

5 諸外国のコーポレートガバナンス……196
6 わが国のコーポレートガバナンス……201
7 株主代表訴訟……204

第12章 企業結合……207

1 事業展開の方向……207
2 子会社・関連会社・分社化……209
3 企業結合の種類……210
4 独占……210
5 産業集積……213
6 産業集積の類型……215
7 M&Aとは何か……216
8 M&Aの手法……219
9 M&Aと会社法……220
10 敵対的買収への対抗策……220
11 アライアンス……223

第13章 会社の寿命……228
1 会社の寿命……228
2 経営破たんの原因……230
3 倒産後の手続き……234
4 事業継続……237

索引 i

序　章　さまざまな理論

会社設立を著した本には、いろいろな種類のものがあります。その多くは、法律を中心としたものです。通常、法律に従って株式会社を設立する手続きは以下のようになります。

（1）定款の作成

最初に、定款《ていかん》と呼ばれる会社の「憲法」に相当するものを定めます。会社法によれば、定款には、①会社の目的、②商号、③本店の所在地、④設立に際して出資される財産の価額又はその最低額、⑤発起人の氏名又は名称及び住所を記載又は記録しなければならないことになっています。以上の５つの事項は、絶対的記載事項と呼ばれ、必ず記載もしくは記録しなければなりません。すなわち、どのような仕事をするのかという「目的」、会社の名前であり、屋号とも言われる「商号」（商号中には、株式会社、合名会社、合資会社又は合同会社という文字を用いなければなりません）、本社の住所、資本金の額、会社の創業者である「発起人《ほっきにん》」などを決めます。

その他、効力を生じさせようとするためには必ず定款に記載しなければならない相対的記載事項として、①現物出資をする者の氏名又は名称、出資の目的である財産及びその価額並びにその者に対して割り当てる設立時発行株式の種類及び数、②会社の成立後に譲り受けることを約した財産及びその価額並びにその譲渡人の氏名又は名称、③株式会社の成立により発起人が受ける報酬その他の特別の利益及びその発起人の氏名又は名称、④株式会社の負担する設立に関する費用の5項目を記載又は記録できます。また、定款には、会社法の規定により定款の定めがなければその効力を生じない事項及びその他の事項で会社法の規定に違反しないものの記載が認められていて、これらを任意的記載事項と言います。なお、設立時に作成される定款は、「原始定款」と呼ばれます。この定款に署名又は記名捺印します。

(2) 定款の認証

発起人となる自然人（人間のことです）もしくは法人（法人については後から述べますが、その代表例が会社です）は、私的法律関係の明確化と安定化のために法務省が所管する本店所在地の公証役場に行き、公証人による定款の認証を受けます。日本公証人連合会のホームページで提供する「申告書」の書式を利用し、公証人にファックス、郵送、あるいは持参する等の方法により行います。

定款認証の嘱託人（申請者）は、法人成立の時に実質的支配者となるべき者について、その氏名、住居、生年月日等と、その者が暴力団員及び国際テロリストに該当するか否かを公証人に申告しなくてはなりません。議決権の直接保有及び間接保有が50％を超える自然人がいる場合は、該当者1名が実質的支配者となり、それ以外は、該当者すべてが実質的支配者となります。なお、一般社団法人と一般財団法人も実質的支配者の認定を受けなければなりません。株式会社の場合、公証人の手数料として5万円、謄本代として書面請求の場合、1通600円（登記申請用・保管用の合計2冊必要になります）及び印紙代4万円（電子認証の場合不要）が必要になります。

（3）資本金の払い込み

次に資本金（会社経営の元手となる資金）の払い込みをします。これは、発起人が定めた銀行や信託会社等の払い込みの取り扱いの場所で行われます。

（4）設立登記

最後に登記等の民事行政事務などを行っている法務局で設立登記をします。以上の手続きで会社は設立できます。インターネットで法務省の「株式会社設立登記申請書」を検索すると、丁寧な説明付の定款記載例が出てきますので参照してください。会社の設立にあたり、法定要件を満たすことを準則主義と言います。なお、設立にあたっては、紙による書類ばかりでなく、磁気ディスクに記載した電子データ（電磁的記録）の提出でも受け付けられています。紙による場合は「記載」となり、電子データの場合は「記録」となります。

株式会社の設立登記のためには、登録免許税を納めなければなりません。この額は、資本金の額の1、000分の7（最低15万円）になります。

こうした設立手続きは、自分でもできますが、発起人の人数が多かったり資本の規模が大きいときは、弁護士や行政書士などの専門家に依頼したほうが間違いなく、無難です。

会社設立、すなわち起業を論じるもう1つの学問分野は、経済学です。たとえば、レオン・ワルラスは、「地主から土地を、労働者から人的能力を、資本家から資本を借り入れ、これら三つの生産用役を、農業、工業又は商業において結合することを職分とする第四の人格を企業者と呼ぶことにしよう[1]」として、企業を創出することが起業家の機能であるとしました。アダム・スミスは、企業の理論を展開していますが、起業家は、プロジェクターやアンダーテーカーとして論じられています[2]。また、ヨーゼフ・シュンペーターは、イノベーションを普及させるために創造的破壊を行うのが起業家であると指摘したことで有名です。

本書は、そうした法的な手続き上の問題や国全体からみた企業の役割ではなく、経営学の立場から「どのような会社を設立すべきか」とか「どのように組織をつくり、それを管理すべきか」といった他人任せにはできない戦略に関わる問題を中心として述べたものです。

管理や経営管理と訳されるマネジメントとは、「(馬を手なずけるように)物事を巧みに取り扱うこと[3]」です。管理とは、他の人を動かして仕事を達成することです。つまり、管理者の究極の目標は、仕事を委譲できる状態にすることと言えます。そのために上司は、部下に仕事を任せられるようにしなければなりません。そして、部下の仕事は「上司がしてほしいと思っていることを、間違いなく実行していくこと」となります。

本書は、会社が持続可能性《サスティナビリティ》を維持することによって、ゴーイング・コンサーン（継続企業の公準と呼ばれるもので、会社は永遠に継続すること）として存続するために必要な条件を示すことを主目的としました。そのため、この本は経営の入門書となっています。この本を1冊読めば、だいたい経営のことがわかり、起業できるようにはデザインしました。それぞれの理論を深く学習するために、引用及び参照した文献をさらに読んでください。

経営に関する戦略、技術及び手法に関しては、さまざまな提案がなされていますが、重要なことは、事実に基づいた経営を志すことです。ジェフリー・フェーファーらは、医師の治療が事実の研究結果に基づいて行われるべきであるという「事実に基づいた医療」を経営に応用すべきであると指摘しています[4]。すなわち、何が効果があり、何が効果がないかという動かしがたい事実を直視し、経営の中で大手を振っている「半分だけ正しい」思いこみの危険を理解し、往々にして本当に意味のある助言よりも大切にされる「まったく間違った経営手法」を排除すべきであり、成功した会社ばかりでなく、失敗した会社にも注意を払い、なぜ失敗したかを理解すべきであると、彼らは忠告しています。事実に基づくとは、具体例から学ぶということでもあるので、参考となる会社の事例も取り入れました。

経営学は、組織を対象とする学問です。そのため、本書は、会社に限らず、組織を立ち上げる場合にもある程度参考になるように配慮しました。なお、経営学の理論の「理論」とは「何が何をなぜ引き起こすのか」に関する言明[5]です。

企業の情報に関しましては、そのホームページに負うところが大きいのですが、本書ではそのアドレスは割愛させて頂きました。必要な方は、企業名を入力して検索をお願いします。

【註】

（1）Léon Walras, *Eléments Déconomie Politique Pure ou Théorie de la Richesse Sociale*, Librairie Generale de Droit et de Jurisprudence, 1952, p. 191.（久武雅夫訳『ワルラス純粋経済学要論』岩波書店、１９８３年、２０７頁）。

（2）Adam Smith, *The Wealth of Nations*, Penguin Books Ltd., 1796, p. 151 and p. 217.（大内兵衛・松川七郎訳『諸国民の富（一）』岩波書店、１９５９年、１８７頁、３２２頁）。

（3）河野昭三「経営学の基本視座」藤本雅彦編著『経営学の基本視座：河野昭三先生還暦記念論文集』まほろば書房、２００８年、９頁。

（4）Jeffrey Pfeffer and Robert I. Sutton, *Hard Facts, Dangerous Half-Truth, and Total Nonsense: Profiting from Evidence-Based Management*, Harvard Business School Press, 2006, p. 13 and p. 37.（清水勝彦訳『事実に基づいた経営：なぜ「当たり前」ができないのか』東洋経済新報社、２００９年、16頁、50頁）。

（5）Clayton M. Christensen, Scott D. Anthony, and Eric A. Roth, *Seeing What's Next: Using the Theories of Innovation to Predict Industry Change*, Harvard Business School Press, 2004, p. xii.（櫻井祐子訳『イノベーションの最終解』翔泳社、２０１４年、x頁）。

第1章 会社とは何か

本章では、会社の概略について述べます。起業するうえで、会社や企業とは何かを知っておく必要があるからです。会社は「企業」ですが、会社イコール企業ではありません。

企業《ファーム》は、イタリア語の firma（契約サイン）を語源としていて、個人企業や小さな商会（合名会社）などを含める概念です。(1) それに対して、会社《カンパニー》は、イタリア語の compagnia とラテン語の cum pane を語源としていて、「人々の集まりによって共有される事業《ベンチャー》」を意味します。13世紀から14世紀の間にイギリスにおいて活動していたイタリアの資本家が用いていたパートナーシップ形態の事業に、会社の起源があると伝えられています。(2)

ところで、初期の会社として有名なのは、１６０２年に成立した連合オランダ東インド会社です。この会社は、胡椒の貿易事業を目的としたものであり、出資者全員の有限責任制、取締役会の設置、資本の証券化といった、近代株式会社の一般的特徴を有していました。この会社の誕生により、世界最初の証券取引所であるアムステルダム証券取引所が生まれました。同社はこの取引所で、航海の資金を株で調達することによって、多国籍企業として世界一の富と力をもち、２００年近くも貿易の世界を支配しました。(3)

わが国最古の会社についても諸説があります。一説によれば、世界で最古の会社は日本にあり、現在、大阪府に本社を構える578年創業の金剛組であると言われています。(4) 金剛組は、寺院建築を中心とする総合建設会社です。なお、わが国は、100年以上の老舗が約2万社ある「老舗大国」です。これらの老舗の特徴は、目先だけの利益ではなく、企業の永続を第一義に置いていて、「信用」、「伝統」や「暖簾《のれん》」のような「由緒正しさ」を有しているという調査結果があります。(5)

法律に基づく「創業」は、1872年（明治5年）の国立銀行条例によって認められ、その最初の会社は、1873年に設立された第一国立銀行です。また、現存している最も古い会社は、1873年設立の新潟にある第四銀行です。

1881年に東京株式取引所と大阪株式取引所で売買立会が開始され、太平洋セメントは、銀行以外の日本初の上場会社となりました。1893年に合名、合資、株式の3つの会社の規定を定めた「商法」が公布され、その後、ドイツの有限会社法に倣って、1983年（昭和58年）に「有限会社法」が別途制定されました。2006年（平成18年）に商法改正後の会社法が施行されて以降、有限会社は新たに設立できなくなりましたが、それ以前に設立された有限会社の存続は認められています。

企業は、事業《ビジネス》を行う経営体です。事業は、社会的な仕事、特に営利目的の仕事を意味します。経営学では、事業は特定の製品やサービスを提供する活動を指すのが一般的です。たとえば、オーディオ事業とか、メンテナンス事業などです。この事業を運営する活動は、職能《ファンクション》と呼ばれ、生産、販売、マーケティング、財務、人的資源管理等があげられます。

企業の範疇には会社が入りますが、それ以外にも企業はあります。すなわち、個人や家族で営んでいる「八百屋」や「魚屋」などの個人企業です。このように、企業の中には会社だけではなく、個人事業なども含まれていることがわかります

会社は会社法で規定されているので法律用語になり、企業は経済用語としても分類できます。

また、企業には私企業だけでなく、公企業などもあります。公企業は、第一セクターと呼ばれ、国や地方公共団体によって出資され、経営されています。たとえば、国営企業、独立行政法人、地方公営企業などがあります。

国営企業には、中央及び地方の政府によって設立されるものと、私企業が国有化されるものがあります。前者の例として、国有林野業が、後者の例として、東京電力に対する公的資金注入による実質国有化があります。

独立行政法人は、公共上の見地からは必要ですが、国営の必要がないものの中から、民間では行われないおそれがあるか、独占的に行う必要がある事業を効率的かつ効果的に行わせるために「独立行政法人通則法」で定められた法人のことです。

地方政府によって設立されるものとして、地方公営企業と地方公社があります。地方公営

企業の場合は、行政組織が地方公営企業法により、病院事業、水道事業、工業用水道事業、軌道事業、自動車運送事業、鉄道事業、電気事業、ガス事業を直営しているのに対して、地方公社の場合は、行政組織から形式的に独立した法人で、公社や株式会社、協会や基金などの形態で活動しています。公社とは、公共企業体等労働関係法に定められた公共企業体のことです。その他として、特定の政策的事業を実施するために特別法に基づいて設立される事業団や政府系の金融機関である公庫などの特殊法人があります。

第二セクターは、営利を目的として設立される私企業です。この代表的なものは、株式会社です。

第三セクターは、公私共同企業で、国や地方公共団体などの行政と私企業とが共同出資し、経営を行う企業です。たとえば、仙台空港鉄道仙台空港線や東京都下水道サービス株式会社などがあります。

近年では、ＰＰＰ（パブリック・プライベート・パートナーシップ：公民連携）が政府によって推進されています。その代表的な手法の一つとして、公企業が自ら事業を行うのではなく、民間の資金やノウハウを利用して総事業費を削減するＰＦＩ（プライベート・ファイナンス・イニシアティブ）が幅広く用いられるようになりました。このうち、利用料金の徴収を行う公共施設について、施設の所有権を公共主体が有したまま、施設の運営権を民間事業者に設定する方式であるコンセッション（公共施設等運営権）事業が注目されます。具体例として、仙台空港があげられます。施設は、国が所有し、東急前田豊通グループが運営をしています。また、水道事業についてもコンセッション方式が注目されています。

伝統的な民間営利セクターにも公的セクターにも属さない企業組織である社会経済的企業組織を「サードセクター」と定義し、「非営利セクター」を意味する場合もあります。[6] なお、民間によって設立されるNPO（非営利法人《ノンプロフィット・オーガニゼーション》）などを第四セクターと呼ぶこともあります。

1 法人

会社は、法律に基づいて人間と同じように権利・義務の主体として扱われます。法人の権利能力は、法人格と呼ばれます。法人格を有しない団体は、任意団体と言われ、団体として権利・義務の主体となれないため、団体名義での預貯金などはできません。

法人にはいくつかの種類があります。

第一は、公法人であり、第一セクターに当たる特定の行政目的を遂行するために設立された法人です。

第二は、私法人と言って、私的な目的を達成するために設立される法人であり、内部組織と目的によって分類されます。組織的には、社団法人と財団法人に分けられ、目的別には、営利法人と公益法人に分けられます。

社団法人とは、一定の目的達成のために組織された人の集団が法人格を有したものです。これには、一般社団法人と営利社団法人があります。一般社団法人は、税制上の優遇はなく、登記は必要ですが許可は不要です。学術、技芸、慈善その他の公益に関する種類の事業であって、不特定かつ多数の者の利益の増進に寄与するとして「公益法人認定法」に基づき認定された場合は、公益社団法人として税制上の優遇を受けることができます。日本赤十字社や経済同友会は、公益社団法人になっています。また、労働組合法に基づく労働組合や農業協同組合法による農業協同組合も社団法人です。営利社団法人は、会社であり、出資者の集団です。

財団法人は、一定の目的のために提供された財産を基礎とした法人です。これには、登記は必要ですが許可が要らない一般財団法人と、許可は必要ですが優遇措置を受けられる公益財団法人があります。一般財団法人には、日本気象協会や日本東洋医学財団などがあり、公益財団法人には、サントリー芸術財団や山種美術財団などが含まれます。個別の特別法に基づく学校法人も財団法人の一種です。

公益法人は、営利法人である会社と同様に魅力のある起業対象です。また、営利法人で得た個人財産は、財団法人として残すことができます。石橋財団のブリヂストン美術館のように、個人収集の美術品を財団法人に提供すれば、相続による作品の分散や有名作品の海外流失を防ぐことにもなります。

このように、起業を考えるときには、会社ばかりでなく、企業や私法人など、より広い視点から構想を練ることが望まれます。たとえば、八百屋や魚屋などの場合、はじめは法人ではなく、個人企業として出発するほうがよいかもしれません。なぜならば、会社にすると「法人税」が課税される、登記費用がかかる、廃業が難しくなるなどのデメリットもあるからです。法人税は、資本金の規模や所得金額によっても異なりますが、収益から人件費などの費用を引いた課税所得に23・9％の税金をかける国税ですが、そのほか地方税として法人事業税と法人住民税がかかり、実効税率は、29・97％です。この税額は、現時点でシンガポールの法人税17％と比較しても大きなものになります。アメリカでも連邦法人税率を35％から21％に引き下げたので、日本でも法人税の引き下げが検討されています。

税金を安くすることなどにより、法人の設立援助や誘致を行っている国や県もあります。わが国の場合、地方自治体の中には、企業誘致のためにさまざまなメニューを提供しているところが増えています。一例をあげるならば、長崎市では、企業立地奨励金の提供と固定資産税の課税免除を行っていて、新生電子やアリコなどが進出しています。アメリカでは、デラウェア州が「企業の都」と呼ばれていて、米主要５００社の6割強が登記上の本社を置いています。デラウェア州の駐日事務所によれば、同州は、最も進歩的かつ柔軟な会社法があり、アメリカでも数少ない売上税のない州[7]として有名であり、日本企業にも誘致を行っています。

個人企業は、法人税を払わなくてもよいのですが、デメリットもあります。たとえば、必要経費の認められる幅が少なく、また、経費として認められにくいとか、個人企業の収入は個人の収入になるので、高額の収入に対しては、累進課税として税額が高額になるなどです。その上、個人企業名の銀行口座などはつくれないので、ネット取引などの場合、信用度が落ちます。したがって、最初は、個人企業から出発したとしても、事業が軌道に乗った場合には、法人化したほうが有利になる場合が多いでしょう。

2 その他の事業体

事業体には、個人企業や公企業以外にも、以下のような事業体があります。

（1）SPV（特別目的事業体《スペシャル・パーパス・ビークル》）
これはSPE《スペシャル・パーパス・エンティティ》とも言われ、営利目的をもたずに、投資家からの資金調達や資産の小口化のための組織で、そのうち法人格を有するものは、SPC（特別目的会社《スペシャル・パーパス・カンパニー》）と呼ばれます。たとえば、開発型SPCは、特定のオフィスビルを開発する目的で設立した会社で、物件の完成後は、賃貸収入から借入金利息などの経費を差し引き、残額を出資者に配当金として支払います。この不動産開発目的のSPCは、連結対象となります。連結とは、親会社の財務報告の中に子会社などの財務報告を含めることです。

(2)ペーパーカンパニー

ペーパーカンパニーは、設立登記されていますが、実体的活動を行っていない会社です。たとえば、悪徳商法などの違法行為を行う目的で会社を隠れ蓑にしているとか、課税対策のために設立されたもので、常勤者のいない会社などがあげられます。上述の特別目的事業体もペーパーカンパニーと呼ばれる場合があります。また、長期間活動していない休眠会社もこれに含まれることがあります。

(3)LLP(有限責任事業組合《リミテッド・ライアビリティ・パートナーシップ》)

組合とは、「何らかの事業を行う目的で設立された団体」で、「有限責任事業組合契約に関する法律」で定められています。

LLPは、営利的非法人です。2人から設立可能で自由なルールで運営できます。組合員は有限責任で、設立費用は1人1円から可能ですが、登録免許税として6万円が必要です。法人格はないため、法人税はありません。内部自治原則により、出資比率に関係なく、利益分配を出資者同士の合意のうえに決めてよいことになっています。

設立の詳細は、経済産業省のホームページを参照してください。同省によれば、設立されたＬＬＰのうち、経営コンサルタント業や個人教授業などのサービス業が７割を占めています。

【註】

（１）Robin Pearson, ed., *The History of the Company: The Development of the Business Corporation 1700-1914*, Volume 1, Pickring & Chatto, 2006, p. xxiv.

（２）*Ibid.*

（３）Lawrence Levy, *To Pixar and Beyond: My Unlikely with Steve Jobs to Make Entertainment History*, Oneworld Publications, 2017, p. 103.（井口耕二訳『ピクサー：世界一のアニメーション企業の今まで語られなかったお金の話』文響社、２０１９年、１３２頁）。

（４）James C. Abegglen, *21st Century Japanese Management: New Systems, Lasting Values*, Palgrave Macmillan, 2006, p. 13.（山岡洋一訳『新・日本の経営』日本経済新聞社、２００４年、31頁）。

（５）帝国データバンク資料館・産業調査部編『百年続く企業の条件：老舗は変化を恐れない』朝日新聞出版、２００９年、14頁、50頁。

（６）Carlo Borzaga and Jacques Defourny, eds., *The Emergence of Social Enterprise*, Routledge, 2001, p. 1.（内山哲朗・石塚秀雄・柳沢敏勝訳『社会的企業：雇用・福祉のＥＵサードセクター』日本経済評論社、２００４年、１頁）。

（７）http://www.richworld.com/de/

第2章　企業形態

本章では、企業にはどのような種類のものがあり、その機関や仕組みはどのようになっているかを簡単にみてみましょう。企業形態の選択は、使命《ミッション》を達成するために、自分が有する人的、物的、金銭的、情報的資源を最もよく活用できる組織を設立するための最初の作業になります。

1　個人企業

個人企業は、法人格をもたず、基本的には資本を個人が出資して、経営を営む企業です。アメリカやイギリスでは、創業者が複数の場合は、パートナーシップと呼ばれます。

個人企業の経営者は、経営の責任に対して無限責任を負います。無限責任とは、債権者に対して無限に債務責任を負うことを意味します。すなわち、失敗した場合、債務をすべて完済する責任を負います。

個人企業は、設立しやすく、法人税も支払う必要がなく、撤退も容易です。開業には、個人事業開業届出書を所轄の税務署署長あてに提出するだけです。手数料は必要ありません。しかし、個人企業には会社と比べると信用度が低く、経営者が死亡したり働けなくなったりすることで存続が危ぶまれるとか商売の拡大に向かないなどのデメリットもあります。

以下で述べる企業は、永続を前提として設立されます。この永続企業体はゴーイング・コンサーンと呼ばれ、会社がこれに相当します。なお、ゴーイング・コンサーンは、企業が存続・発展している状態と同時に、企業活動に直接的・間接的に関係する個々人や組織が満足して生存・発展している状態をも指すことに注意しなければなりません(1)。

会社には、合名会社、合資会社、合同会社及び株式会社が含まれます。

2　合名会社

合名会社は、１人以上の無限責任社員が、物的財産、人的信用、労務などを出資して設立する会社で、各人の持分の譲渡には他の社員の承諾を必要とします。社員は、原則として、会社の業務を執行します。なお、「社員」は、会社法では出資者を意味します。「従業員」は、戦中までは大きかったブルーカラーとホワイトカラーとの身分差を縮めるため、１９３８年(昭和13年)以降につくられた言葉であると言われています。

3　合資会社

合資会社は、無限責任社員と有限責任社員から構成されます。有限責任社員は、出資持分（出資金額）の範囲で会社債権者に責任を負う社員です。合資会社の場合、株式会社と異なり、直接有限社員と言って、会社債務について会社債権者に対して、連帯して直接責任を負いますが、出資の価額を限度とします。出資者である社員は、原則として会社の業務執行権・代表権を有します。したがって、有限責任社員も業務執行権や代表権をもつことができます。有限責任社員の出資は、財産出資のみに限られます。持分資本の譲渡については、無限責任社員の場合は、社員全員の承諾が必要で、有限責任社員の場合は、業務執行責任を有しないときは、業務執行社員全員の同意によって持分を譲渡できます。また、法人が無限責任社員になることも可能です。

社員の退社により、無限責任社員がいなくなると合同会社に、有限責任社員がいなくなると合名会社に、それぞれなります。

合資会社は特殊な会社と思われるかもしれませんが、三菱財閥も初めは三菱合資会社でした。

4　合同会社（ＬＬＣ）

エルエルシーとも呼ばれるこの会社は、有限会社の設立が認められなくなった後で新たに設けられた会社形態です。合同会社《リミテッド・ライアビリティ・カンパニー》は、１人以上の有限責任社員から構成され、持分資本の譲渡には全社員の承認が必要ですが、組織の内部ルールは自由に決められ、取締役会などの設置は不要です。取締役会や社員総会の必要がなくなりますので、ＬＬＣに変更する会社もあり、例としてアップルジャパンやアマゾンジャパンなどがあげられます。

以上の合名、合資、合同会社の３つは、社員の地位を「持分」と呼ぶので、持分会社と総称されます。

5　特例有限会社

有限会社は、２００６年の会社法施行以後は新たに設立することはできなくなりました。しかし、これまで設立された有限会社は「特例有限会社」として存続できます。

この有限会社は、50人以下の有限責任社員のみによって構成され、持分の譲渡には社員総会の承認を必要とします。その特徴は株式会社とほぼ同じで、取締役は１人以上で監査役は置かなくてもよく、決算公告の義務はありません。決算公告とは、財務情報を一般公開することです。

6　株式会社

株式会社は、会社の中では最も普及した企業形態なので、少し詳細にその特徴を述べておきます。

株式会社では、資本の出資者である株主の責任は有限責任となります。株式会社における有限責任とは、株主が、出資額を限度に会社債権者に対して責任をとることです。たとえば、ある公開株を１００万円で買ったとすれば、最高でもその出資分の１００万円だけ責任を負えばよいことになります。

株式は、会社の資金として集められる資本金を等額に細分化したもので、会社の所有権の地位を意味します。発行株式総数の半分の所有権は、その会社の半分の所有権をもっていることになります。上場会社などの、株式が分散し多数の株主が存在するような会社では、税務上の企業支配株式等が発行済株式総数又は出資金額の20％以上ですから、それ以上の株式所有があれば会社を自由に支配できると考えられます。大企業の場合は、それ以下でも会社を支配できると言われています。

株式には、「普通株式」、配当や残余財産の分配を優先的に受ける「優先株式」、配当などの優先度が普通株より後になる「劣後株」、2種類以上の株式を発行する「種類株式」があります。種類株式には、議決権制限種類株式や譲渡制限種類株式などがあり、会社が独自の種類株式を発行することができます。たとえば、トヨタは、譲渡制限付きの種類株式を発行しています。なお、種類株式を発行する会社は、種類株式発行会社と呼ばれます。

株式の値段を表すために、20円、50円、500円、5万円株など1株の金額が記載された額面株式がかつては一般的でした。今日では、株数だけで金額が記載されていない無額面株式が用いられています。上場会社等については、株券の電子化《ペーパーレス化》が実現しています。これは、上場会社の株式等に係る株券をすべて廃止し、株券の存在を前提としてきた株主権の管理を証券保管振替機構及び証券会社等の金融機関に開設された口座において電子的に行うものです。この大きな理由は、額面株式は、株式市場で売買金額が決まるので、会社設立時以外はあまり意味がなくなるからです。また、株主にとっては、株券の紛失や盗難、偽造株券取得のリスクが排除され、発行会社にとっては、偽造株券チェックの不要化、証券会社にとっては、株券の保管などに係るリスクやコストの削減などの多くのメリットがあります。

株券の電子化が行われても、額面は、売買単位と関連しているのでその点では意味があります。東京証券取引所（東証）では、売買単位として100株に統一しています。

株券については、定款で株券を発行することを定めた株式発行会社だけが発行しています。株券を発行しない会社は、株式振替制度利用会社となります。株式振替制度は、前述の株券の電子化であり、株式売買、配当受領、株主権行使を証券会社等に開設された口座を通して電子的に行うものです。

株式会社の主たる特徴は、以下のようになっています。

（1）1人以上の有限責任社員が1円以上の資本金で設立できます。

1人で設立する場合は、1人株式会社と呼ばれます。貸借対照表上は資本金額1円でもかまいませんが、設立登記等に約25万円かかりますから、30万円程度は用意する必要があります。

（2）株式譲渡制限会社か公開会社かを選択できます。

株式譲渡制限会社の場合、すべての株式の譲渡について、取締役会又は株主総会の承認を必要とすることを定款に記します。それ以外の会社は、公開会社もしくは株式譲渡会社となります。

公開会社は、上場することができます。上場とは、株式公開《イニシャル・パブリック・オファーリング》（ＩＰＯ）と言われ、証券取引所に名前を載せて自社株式を売買可能にすることです。なお、未公開株式は、プライベートエクイティと呼ばれます。

証券取引所は、東京、名古屋、福岡、札幌の4取引所が代表的です。東京証券取引所を所有する日本取引所グループは、大阪証券取引所を公開買い付け《テイク・オーバー・ビッド》（ＴＯＢ）したばかりでなく、マザーズ、ジャスダックやプロの投資家向け市場であるTOKYO PRO Marketを含め世界第3位の市場規模を有する持株会社です。新興企業向けの証券取引所として、マザーズ、ジャスダック、セントレックス、Q-Board、アンビシャス、があります。

証券市場に上場するためには、上場基準を満たさなければなりません。東京証券取引所の場合、①株主数、②流通株式等、③時価総額、④事業継続年数、⑤純資産額、⑥利益の額又は時価総額といった形式基準に加え、実質基準として、①企業の継続性及び収益性、②企業経営の健全性、③企業のコーポレートガバナンス及び内部管理体制の有効性、④企業内容等の開示の適正性、⑤その他公益又は投資者保護の観点から当取引所が必要と認める事項という5つの適格要件を満たさなければなりません。

上場によって会社は、公募による時価発行増資、新株予約権・新株予約権付社債の発行などによる資金調達能力の増大、銀行や企業間の信用度の向上、企業情報の開示に伴う会社の内部管理体制の充実、知名度の向上、優秀な人材確保に役立ちます。社債は、会社が資金調達のために発行する債券ですが、上場により大きな金額を調達できる可能性が高まります。債権者にとっては法的弁済順位が劣るなどのリスクはありますが、利回りが高いハイブリッド社債も売り出されています。

上場の最大の利点は、創業者利得です。創業者利得とは、株式の払込額面価額と時価との差額のことで、巨額の富を得られる場合もあります。これには、「エンジェル税制」などの優遇措置が大きく影響します。詳しくは、財務省ホームページを参照してください。

サントリーやＪＴＢのように上場しない会社もあり、上場にはデメリットがあることにも注意しなければなりません。上場には、決して安価ではない上場審査料や上場維持費用が必要です。東京証券取引所の場合、上場審査料は４００万円で、市場第一部の場合、新規上場料として１、５００万円、二部では１、２００万円、そのほか会社の規模によって変動する公募又は売り出しに係る料金、上場維持費等がかかります。上場維持費は、市場第一部の場合、時価総額５、０００億円を超える会社の場合は、年間４５６万円となります。

上場すると、株主に対してだけでなく社会的責任も重くなり、創業者自身の影響力低下と地位の確保にも注意を払わなければならなくなります。また、株式を公開することによって買収《マージャー》や合併《アクイジション》（Ｍ＆Ａ）の標的になるかもしれません。非上場であれば、収益に縛られない経営もできます。非上場企業のレゴグループでは、業績よりも「世界で最も安全な玩具をつくり、自社で消費するエネルギーをすべて再生可能エネルギーにする」のが目標になっていることが長期的な成長に結びついていて、売上高は過去10年、平均で15％増え続け、玩具世界最大手になる可能性が出てきました[2]。上場会社を非公開に変更する場合もあります。ワールドは、経営者による買収《マネジメント・バイアウト》（ＭＢＯ）を用いて株主から会社を買い取り、経営の独自性を守るため一旦は非公開化の道を選びましたが再上場しました。

わが国では、ＹＫＫの社長が次のように述べています。「当社は株式を公開しておらず、今後もそのつもりはありません。父の理念を引き継いで従業員持株制度を整備しています。会社には好調な時期もあれば不調な時期もある。喜びも悲しみも分かち合う従業員に株主になってもらうのが、一番よいと思えるのです(3)」。

（3）資本金の払い込み（払込資本金）方法によって、発起設立と募集設立の区別があります。発起設立は、会社を設立しようとする発起人が会社の発行株式のすべてを引き受けるもので、募集設立は、発起人が株式の一部だけを引き受け、発起人全員の合意を得て、残りを東京証券取引所など外部の証券市場から募集します。募集設立の場合には、創立総会を招集しなければなりません。

（4）株式会社の設立には、発起人が定款を作成し、その全員が署名又は記名捺印します。定款に記載又は記録しなければならない商号は、海外展開や多角化などを考えてつけたほうがよさそうです。グローバル化に対応するためには、どこの国でも同じ発音になる名称が望ましいと言えます。たとえば、フランスやスペインなどでは、Ｈは発音しないので、「春」は「ある」という発音になりますし、ドイツでは、ＶはＦという発音になるので、「ぶし」は「ふし」になります。さらに、ほかの国では不快に思われる言葉にも注意しなければなりません。同じ漢字でも日本と中国とでは意味が違うことがあります。

近年、多角化や持株会社化などにより、社名変更をよく耳にします。社名変更には、多くのコストがかかりますので、命名にはそうした要因も考慮した方がよいでしょう。

商号以外にトレードネームを設ける場合もあります。出光興産株式会社は、トレードネームとして「出光昭和シェル」を使っています。

（5）株主総会は、会社の最高意思決定を行います。

意思決定とは、いちばんよい案を選択することです。ノーベル経済学賞を受賞したハーバート・サイモンは、意思決定の作業として、（1）すべての代替的戦略（ある期間にわたる行動を決める意思決定の一連の系列）を列挙すること、（2）これらの戦略の各々から生ずる結果のすべてを確定すること、（3）これらの一連の結果の比較評価を行うこととしています[4]。

会社機関は、株主総会、取締役会、代表取締役、監査役などから構成されます。すべての株式会社には、株主総会と取締役が必要です。株主総会は、株主が集まって会社の経営に関する重要事項を決定する場です。総会は、通常、議決権行使の基準日の3カ月以内に定時総会が開かれ、そこでの決定は株主数ではなく、株式総数による多数決原理で行われます。これを1株1議決権の原則と言います。株主総会は、必要がある場合には、いつでも臨時総会を招集することができます。

株主総会を構成する株主は、株主権をもっています。株主権とは、利益配当請求権、議決権（単元株制度を採用している会社では、一単元以上の株式所有が必要）、残余財産分与請求権（解散時に残った財産の分配を請求する権利）、全議決権の３％以上を所有する株主に対する帳簿書類などの書類閲覧権、新株引受権などの法的権利を意味します。

議決権を有する株主が１、０００人以上の会社では、株主総会の招集と投票は、ウェブページ上で行うことが認められていて、コスモ石油やＮＴＴドコモなどが採用しています。

株主総会の審議事項には、普通決議のほかに、特別決議、特殊決議があります。普通決議は、過半数の株式を所有する株主の出席を定足数として、その過半数の賛成で成立しますが、定足数は別に定款で定められます。

特別決議は、定足数である過半数の株式を所有する株主の出席の上で、その議決権の２／３以上で成立しますが、定足数は定款により１／３以上にできます。

そのほか、定款変更により非公開会社に移行する場合などには特殊決議が行われます。その場合には、議決権の過半数の株式を所有する株主が出席し、その２／３以上の賛成を必要とします。

計算書類の承認・利益処分、取締役と監査役の選任・解任及び報酬決定、検査役（会社の設立手続きや総会招集の手続き・決議方法などに関して調査を行う臨時の監督機関）の選任等の事項については普通決議で行われます。

定款の変更、会社の合併、営業譲渡、事後設立（会社設立前に存在する財産を、設立後2年以内に会社が営業用の財産として譲り受ける契約をすること）、第三者に対する新株の有利発行、取締役・監査役の解任、会社の組織変更などの重要な特別事項に関しては特別決議が要求されます。

（6）取締役会は、業務執行の決定、取締役の職務の執行の監督、代表取締役の選定及び解職を行います。

取締役会は、株主総会の権限とされている事項以外の、重要な財産の処分及び譲受け、多額の借財、支配人その他の重要な使用人の選任及び解任、支店その他の重要な組織の設置、変更及び廃止などの重要な業務執行の決定を行います。この決定を取締役個人に委任することはできません。

会社は、取締役会設置会社もしくは取締役会非設置会社かのいずれかを選べます。公開会社、監査役会設置会社、指名委員会等設置会社及び監査等委員会設置会社の4種類の株式会社は、取締役会を設置しなければなりません。非公開の大会社以外で、取締役会を設置しながら監査役を設置しない会社は、取締役等と共同して計算書類等を作成する会計参与を設置する会計参与設置会社と呼ばれます。会計参与は、公認会計士もしくは監査法人又は税理士もしくは税理士法人でなければなりません。会計参与は、取締役や監査役とともに「役員」すなわち経営者を意味します。なお、大会社とは、資本金5億円以上又は負債の総額が200億円以上の株式会社のことです。

取締役会非設置会社では、決定は、取締役の過半数で行われ、代表は各取締役となります。取締役会設置会社の場合、取締役が業務執行取締役として業務を執行するためには、取締役会からその地位を与えられなければなりません。会計参与は原則的にどのような機関設計においても任意的に設置できますが、監査役を置かない非公開会社の取締役会設置会社は必ず会計参与を置く必要があります。

会社は、「監査役会設置会社」、「指名委員会等設置会社」又は「監査等委員会設置会社」を設置することが認められています。監査役会設置会社は、監査役を設置した会社です。監査役会設置会社では、監査役会は3人以上の監査役で構成され、その半数以上は、社外監査役でなければなりません。社外監査役とは、これまでその会社や子会社の業務執行に従事しなかった人から選ばれる監査役です。

指名委員会等設置会社では、取締役会で選ばれた委員で、そのうちの過半数を社外取締役にしなければならないメンバーで構成される、3つの委員会が設置されます。その委員会は、取締役候補者の決定を行う「指名委員会」、執行役と取締役各人の報酬内容の決定を行う「報酬委員会」、業務執行の監査ばかりでなく、公認会計士又は監査法人である会計監査人の選任及び解任という人事案の決定などを行う「監査委員会」です。取締役会が選任する執行役は、取締役会から権限委譲を受けて業務執行を担当することになり、取締役は業務を執行できません。指名委員会等設置会社では、業務執行を担当する執行役と全社的意思決定を担当する取締役会とが分離され、執行役は、取締役会が選任・解任を行います。なお、指名委員会等設置会社、監査等委員会設置会社及び大会社では、計算書類等の監査をする会計監査人を置かなければなりません。会計監査人は、公認会計士又は監査法人のみが就任することができます。会計監査人は、経営者である会計参与とは異なり、外部の監査人ということになります。

監査等委員会設置会社は、取締役会に取締役3人以上（過半数は社外）で構成する「監査等委員会」を設置し、取締役の業務を監視するとともに、株主総会で取締役の選任・解任や取締役の報酬についても意見を述べることができる会社です。監査役は置かず現取締役は次の取締役の指名や報酬を自ら決定できるので指名委員会等設置会社よりもこの企業統治《ガバナンス》体制の採用企業は増加しています。

2019年現在、日本取締役協会の調査では、東証一部企業のうち、監査等委員会設置会社は26・8％、指名委員会等設置会社は3・0％であると報告されています。

（7）代表取締役は、取締役会が決定した方針に従って業務を執行します。
委員会設置会社以外では、取締役会設置会社の業務執行の決定は取締役会が行い、代表取締役は、取締役会で取締役の中から選ばれます。代表取締役は、対外的に会社を代表するのですが、1人でなくてもかまいません。会長と社長が代表取締役になっている場合もあります。会長は対外的な仕事を、社長は社内の仕事を担当しているのが一般的です。

取締役会非設置会社では、決定は取締役の過半数で行われ、代表は各取締役です。

指名委員会等設置会社では、決定は取締役会が行い、業務執行は、執行役の中から取締役会が選任した代表執行役によって行われます。執行役は、指名委員会等設置会社以外の会社における業務執行取締役に、代表執行役は、代表取締役に相当します。代表執行役は、CEO《チーフ・エグゼクティブ・オフィサー》とも呼ばれ、日本では「代表執行役社長（もしくは会長）兼最高執行責任者」となります。

指名委員会等設置会社ではない会社でも任意に「執行役制度」を設置することができます。

ところで、ノルウェー、ベルギー、フランス、ドイツ、アイスランド、イタリア、オランダ、スペインなどでは、取締役の女性比率が40％を下回らないように法律で義務づけています。その動きは、アジアやアフリカにも及んでいて、わが国でも女性の役員比率3割達成を目指す「30％クラブ」が始動しています[5]。ジェンダーの平等の実現など新しい規範に従う起業家は規範起業家と呼ばれます[6]。調査によれば、取締役の女性比率と利益率の間には、おおむね緩やかな正の相関があることを示しています[7]。

（8）監査役は、会計監査と業務監査を行います。

監査役は、株主総会で選任され、取締役の職務の執行を監査することを役割とし、会社の業務監査及び会計監査を担当します。会計監査は、会計が正しく行われて虚偽がないことを調べて承認するものです。業務監査は、取締役の業務執行が法令・定款に適合しているかという適法性についての監査です。このように、監査は、業務執行の結果を企業会計の基準、法令や社内の定款などの基準に則しているかどうかを調べて報告することです。

7　相互会社

相互会社とは、相互保険（保険加入希望者が出資し合って団体を構成し、その団体が保険者となって構成員のために行う保険）を営むための社団法人で、生命保険会社と損害保険会社のみに適用される企業形態です。すなわち、これは会社法上の会社ではありません。出資者に当たる有限責任の保険加入者のための会社であり、業務の運営は、保険加入者である社員によって行われ、社員総会で取締役と監査役とを選任し、剰余金の処分案を承認し、定款の変更がある場合はその決定をします。

保険業を営む法人は、保険業法で規定されていて、相互会社のほかに、外国相互会社や外国保険会社などがあり、株式会社でもよいことになっています。

現在、日本生命、住友生命、明治安田生命、富国生命、朝日生命の５社だけが相互会社です。外資系保険会社に対抗するために、より大きな資金を市場から調達して、経営力の強化を目指すために株式会社化が進んでいます。たとえば、第一生命は、株式会社化しましたし、株式会社かんぽ生命は、総資産額において世界最大の保険会社になりました。

【註】

（１）河野昭三「ゴーイング・コンサーンの概念と現代的課題」河野昭三編著『ゴーイング・コンサーンの経営学』税務経理協会、１９９６年、25頁。
（２）「レゴ、最高益より1億人」日本経済新聞、２０１６年3月17日、朝刊。
（３）日本経済新聞社編『人間発見　私の経営哲学』日本経済新聞社、２００４年、79頁。
（４）Herbert A. Simon, *Administrative Behavior: A Study of Decision-Making Processes in Administrative Organization*, The Free Press, 1945, p. 67.（松田武彦・高柳暁・二村敏子訳『経営行動：経営組織における意思決定プロセスの研究』ダイヤモンド社、１９８９年、84－85頁）。
（５）日本経済新聞「女性役員「30％クラブ来月始動」」２０１９年4月23日、朝刊。
（６）Iris Bohnet, *What Works: Gender Equality by Design*, The Belknap Press of Harvard University Press, 2016, pp. 252-253.（池村千秋訳『ワークデザイン：行動経済学でジェンダー格差を克服する』ＮＴＴ出版、２０１８年、３０７－３０８頁）。
（７）*Ibid*., p. 240.（同前訳書、２９２頁）。

第3章　ベンチャービジネス

1　ベンチャービジネスとは何か

ベンチャービジネスは、和製英語です。アメリカではニューベンチャーやスタートアップなどと呼ばれます。近年、わが国でもスタートアップという用語が使われるようになりました。なお、スタートアップは、未開拓の市場や画期的（革新的）な製品・サービスの開発・提供に挑戦するために起業された、短時間にその事業が急成長する（一般的に数年以内に100倍以上）可能性を秘めた企業のことを指す場合があります。(1)

ベンチャービジネスと通常の中小企業との最も大きな違いは、ベンチャービジネスがイノベーションをもとに一定規模にとどまることなく、国内トップレベルあるいは世界的な競争力をつけて規模を拡大することを目的としている点です。たとえば、GREEは創業4年で、DeNAは6年で、それぞれ東京証券取引所マザーズ市場に上場を果たしました。韓国の大宇は、創業者の金宇中氏が30代で5人の社員から出発して輸出事業で急成長し、1代で財閥になりました。

ジェローム・カッツらは次のように、ベンチャービジネスと中小企業との違いをさらに詳しく区別しています。[2]①中小企業は、自分自身の資金をもとにするが、ベンチャービジネスは、他人の資金に頼る、②困った事態のときは、中小企業では費用を削減するのに対して、ベンチャービジネスは販売を促進する、③中小企業は販売を重視するが、ベンチャービジネスはマーケティングを重視する、④中小企業は自主性を確保するのに対して、ベンチャービジネスは、かなめとなる人を巻き込むことでコントロールする、⑤中小企業は能率に、ベンチャービジネスは有効性に焦点を当てる、⑥中小企業の高次《メタ》戦略は模倣であるのに対して、ベンチャービジネスでは新規性、⑦外部コントロールについては、中小企業は企業コントロールであるのに対して、ベンチャービジネスは市場コントロールを優先する、⑧中小企業は必要な場合に成長するが、ベンチャービジネスは可能な場合に成長する、⑨中小企業は人的資源の個人化、ベンチャービジネスは専門化、⑩中小企業は個人的有効化、ベンチャービジネスは外的合法性を承認基準とする、⑪中小企業の成長の限界はコントロールの喪失であるが、ベンチャービジネスでは市場の反応、⑫中小企業は権限の移譲が困難であるのに対して、ベンチャービジネスは権限の移譲は必要不可欠である。

ベンチャービジネスを設立する人は、起業家《アントレプレナー》とも呼ばれ、経営にイノベーションを導入して事業を起業する目的をもっています。全国規模あるいは世界市場を狙うためには、イノベーションは不可欠です。前述のようにシュンペーターは、起業家を新しい組み合わせを実行する人とし、その新しい組み合わせをイノベーションと呼びました。このイノベーションには、新しい製品、新しい生産手段、新しい市場、新しい原材料、新しい組織という5つの主なタイプがあり、それによって経済社会の発展をもたらすと指摘されました。[3]

こうしたシュンペーターの定義によれば、起業家は、営利企業ばかりでなく、非営利、公的部門組織のような領域で出現することが可能であり、それが望まれます。また起業家精神《アントレプレナーシップ》は、新しい組み合わせを実行するプロセスとも言えましょう。起業家と同様に起業家精神は全般的概念で、これも中小企業、巨大な国内及び多国籍組織ばかりでなく、社会ベンチャー、事業、コミュニティ、政府に適用されることが可能です。[4]

ガジェット（目新しい電子機器）などのイノベーションをもたらすために、研究開発費はどれくらいかかるのでしょうか。米Strategy&[5]によれば、2016年、世界で最も革新的《イノベーティブ》な企業はアップルで、その研究開発費は世界第81位でしたが、2017年に同社の革新度は2位に落ちました。最近、研究開発費がイノベーションに結実してきていて、最も投資額が大きなアマゾンは、同年3位に上昇し、グーグルを所有するアルファベット社は、投資額が2位で革新度は2位からトップになりました。残念ながら、研究開発費は必要ということになります。

2　多様な起業家精神

起業家や起業家精神と関連のある用語をここで明らかにしておきます。通常の起業ばかりでなく、さまざまな起業があるので、参考にしてください。

(1)　エコプレナー

エコプレナーは、エコとアントレプレナーを合体させた造語です。エコプレナーはグリーンビジネスと関係があります。グリーンビジネスは、園芸ビジネスを指す場合もありますが、通常、既存の会社が環境責任のために取り組むことです。グリーン・グリーンビジネスは、最初から環境に優しくグリーンであるようにプロセスと製品をデザインしたビジネスのことです。自分が仕事をしている経済セクターを劇的に変えるためにグリーン・グリーンビジネスを創造する人は、エコプレナーと呼ばれます。[6]

(2)　社会起業家《ソーシャル・アントレプレナー》

社会起業家あるいは社会的起業家は、利潤の極大ではなく、社会をよくすることを使命とする市民のための組織、もしくは、営利を追求しつつ、かなりの利益を慈善活動に投資する組織を設立する人です。社会起業家がつくる社会企業は、経営効率を重視しつつ、民間企業の経営手法を用いて社会に貢献することが特徴です。

社会起業家の例として、ビートルズのポール・マッカートニーが、奥さんをがんで失った後、乳がんとその治療のために設立した組織があげられます。[7] 同じく、自動車王ヘンリー・フォードは、看護衛生学校を開設して、当時は一般的でなかった誰でも平等に治療が受けられる病院を設立しました。フォードは「この病院を所有し、経営しているのは、私たちが大衆の利益になるであろうと信じる理論を、この病院で実証してみたいからなのである[8]」と述べています。

有名なソーシャル・ビジネスとして、バングラデシュの「村の銀行」を意味する「グラミン銀行」があります。この銀行は、貧困者が自立できるための無担保融資を行っています。この銀行のおかげで、設立から4年で1万8、000人以上が物乞いから足を洗うことができました。[9] この銀行を設立したムハマド・ユヌス総裁は、この貢献に対して2006年にノーベル平和賞を受賞しました。

(3) 企業内起業家《イントラプレナー》

企業内起業家は、コーポレート・ベンチャー、社内ベンチャーあるいは企業ベンチャリングとも呼ばれる事業を担当する人です。(社)経済団体連合会は、コーポレート・ベンチャーを「社員の発意に基づいて、既存企業が有する人材、技術、資本等の内部資源を効果的に活用し、ベンチャー的な取組により新事業を創出するもの」と定義しています[10]。

企業内起業家が組織の中で求められる理由は、環境適応であり、イノベーションをもたらすことです。

企業内起業家の育成と活用は、リスクを親会社と分け合うことによって成長機会をほかの起業家よりも有利に展開できるので、親会社にとっても、親会社から独立する個人にとっても望ましい制度です。たとえば、企業内起業家は、親会社から人、物、金、情報を提供されるばかりでなく、親会社やそれと取引のある会社などから注文も得ることができます。

企業内起業を立ち上げるプロセスは、通常の起業プロセスとほぼ同じになります。①機会の確認と評価、②ビジネスプランの作成、③経営資源の確認と必要な資源の獲得、④企業の設立と管理がそれです[11]。

（4）友だち起業家

これは、友だちや仲間のために仕事をはじめる起業家です。たとえば、パタゴニアは、「世界一のクライミング道具を従業員や友人向けにデザインしてつくっていた、小さな会社[12]」でした。定年後に地域の仲間のために起業する人などがこれに当てはまります。

(5) 独立生産者《インデペンデント・プロデューサー》

インデペンデント・プロデューサーは、永続的な企業をつくろうと思っておらず一時的なビジネスを行う人であるため、起業家とは区別されます。[13] たとえば、インターネットを介して単発の仕事を発注する仕組みであるギグエコノミーを活用して一回限りのビジネスを行うなどです。企業は、インデペンデント・プロデューサーを雇用したり、知的財産権を買い取ったり、事業をまるごと買収する場合もあるでしょう。

このほか、政府機関などの公的組織を再生する起業家精神は、パブリック・アントレプレナーシップと呼ばれますが、ここでは扱いません。

これらの起業家精神をはぐくむ土壌や文化、個人のパーソナリティがあることは、研究により、ある程度わかっています。

たとえば、人間には、権力欲求、親和欲求、達成欲求があり、達成欲求が高いと生産性が向上することを明らかにしたデイビッド・マクレランドは、「想像的物語―民話や子供のための物語―のなかに表現されたような達成への関心は、現代においては経済発展の一層急速な速度と関連する」と述べて、達成欲求は、子供のころ達成欲求を満たす物語を読むことによって高まると指摘しました。[14] 日本の「桃太郎」などの「物語」は、達成欲求を満たすものであったため、高度成長に結びついたと言われています。近年のわが国の経済成長率の低さは、達成欲求ではなく親和欲求を満たす漫画などの読み物が増えてきたからかもしれません。

ニューヨーク大学のスコット・ギャロウェイは、成功する起業家の条件として、ブランドづくりより製品づくりができること、創業チーム内、あるいは近くに技術者を入れることを指摘しています。(15)そして、「あなたが他人と仲よくできず、他人を信頼する能力を持たず、新しい製品やサービスに病的なまでに固執するなら、あなたは起業するのに向いているかもしれない(16)」と自身の経験から述べています。

3 ベンチャービジネスの必要性

わが国は、1991年に世界一の国際経済競争力を誇っていましたが、その年以降の20年間は経済成長がほとんどなかったため、「失われた20年」などとも呼ばれました。そして、国際経営開発研究所によれば、2019年には、経済競争力は世界30位に低下してしまいました。(17)

この背景には、ベンチャービジネス事情があると指摘されています。GEM（グローバル起業家精神《アントレプレナーシップ》モニター）2018／2019レポートによれば、日本の企業家精神指標は、調査国中アジアで最低となっています。

2017年版『中小企業白書』では、近年、起業を希望する者である「起業希望者」が急激に減少している一方、起業家数は大きく変化しておらず、毎年20～30万人の起業家が一貫して誕生しています。開業率が低い理由として、以下の3つの課題があると指摘されています。第一は、「教育制度が十分ではない」、「安定的な雇用を求める意識が高い」、「起業を職業として認識しない」などの起業意識です。第二は、「生活が不安定になる不安」、「セーフティーネットがない」、「再就職が難しい」などの起業後の生活・収入の不安定化です。第三は、「起業に要する金銭的コストが高い」、「起業にかかる手続きが煩雑」などの起業に伴うコストや手続きでした。このことから、起業を希望する人を増やし、その人たちを支援することが必要なことがわかります。

2007年時点では、1988年以降に起業された事業所が約45%を占めていました。起業が経済の新陳代謝を促していることがこの数字から読み取れます。したがって、ベンチャービジネスを目指して起業することも必要ですが、普通の中小企業からベンチャーに転換することもできます。たとえば、ユニクロもそうした範疇に入るでしょう。

そのため、政府では、「企業価値または時価総額が10億ドル以上となる、未上場ベンチャー企業（ユニコーン）又は上場ベンチャー企業を2023年までに20社創出」という目標を検討しています。中小企業庁の報告では、わが国の企業数の385・3万社、99・7%が中小企業です。また、米中小企業庁によれば、アメリカでも2018年現在、99・9%が中小企業です[18]。どの国でも中小企業の中からユニコーンが生まれることが期待されています。

アメリカは、わが国がバブル崩壊後の低成長に苦しんでいた間も成長を続けました。その原動力になったのは、女性による起業です。アメリカでも女性は男性とは異なり、一攫千金というよりも確実な投資を行う傾向があり、フランチャイズのような必ずしもベンチャービジネスとは言えない事業に参入する人が多いのです。フランチャイズとは、その商標やノウハウなどを受け取るフランチャイジーが、多数の店舗を運営しているチェーン組織のブランド名の下で店舗の運営権利を購入し、典型的には、ブランド価値を守るために一定の運営方針に従うことを承諾し、チェーン組織本部へ売上高に基づくロイヤルティを支払い、店舗の生み出した所得を受け取る仕組みの事業形態です(19)。

彼女たちの起業は、アメリカ経済の下支えとなりました。

わが国の場合、2017年版『中小企業白書』では、2012年の起業家のうち、女性の起業希望者は33・4%にまで増加しています。このような背景には、女性のライフサイクルに伴う労働力人口の変化があります。女性の15歳以上に占める労働力人口の割合である労働力率は、29歳位までは増加しますが、育児期にはいったん低下し、育児後再び上昇して、加齢とともに低下するという、いわゆる「M字型」を形成してきました。しかし、女性の就労をサポートする育休法などの法的整備と企業の支援策が整ってきて、M字のへこみが小さくなり、男性と同じように高原型へ移行しつつあります。ただし、常用労働者だけをみると、「への字型」になっていて、25~29歳をピークとして減り続けています。既婚女性にとっては、さまざまな法整備にもかかわらず、転勤をはじめとして男性と同じように働くことは容易ではありません。そのため、女性がビジネス上の成功を収める手段の１つとして起業が注目されてきたのです。

４　ベンチャービジネスの設立

アメリカでは、年金や保険会社などの機関投資家は新規創業企業に投資すべきであるとする意見が１９５０年代から芽生えました。それに先立ち、ロックフェラー家、ホイットニー家、フィップス家といった資産家や財団及び大学が商取引に新しいテクノロジーを活用し、経済環境刷新のためにベンチャー・キャピタリストになりました。[20] ベンチャー・キャピタリストとは、ベンチャー企業をはじめようとする人に資本《キャピタル》を提供して出資者となってくれる人や組織のことです。

１９４６年には、ハーバード・ビジネススクールのジョージ・ドリオット教授が大勢の教え子を集めて最初のベンチャー・キャピタル企業であるＡＲ＆Ｄ《アメリカン・リサーチ・アンド・ディベロプメント》を設立しました。[21] ＡＲ＆Ｄは、コンピュータ会社のＤＥＣ社（１９９８年にコンパックに買収）に投資して大きな成功を収めました。

わが国においても、りそなキャピタルや伊藤忠ファイナンスのように、新規創業企業に投資するベンチャー・キャピタル企業が出現しています。ベンチャー・キャピタル企業は、一定の期間内に予定した株価の上昇であるキャピタルゲインを獲得したのち、株を売却してその投資先会社との関係を絶つこと（退出《イグジット》）を目的として資金を提供するのが通例です。普通の大企業がスタートアップに投資する例も増加していて、その場合は、ＣＶＣ《コーポレートベンチャーキャピタル》と呼ばれます。ベンチャー・キャピタル会社がいつも投下資本を回収して利益を上げるとは限りません。投資資本回収不能案件は、リビングデッドと呼ばれます。

資金調達は、起業の最も重要な要件です。創業初期の投資は、シード（種）投資と呼ばれます。自己資金だけでなく、親戚や友人などから出資を求める場合もありますが、銀行融資は、一般的な資金調達方法です。銀行融資を受ける際には、通常保証人が必要です。中小企業庁は、開業率の低い非大都市圏では、地方銀行や信用金庫・信用組合が、積極的に起業資金を融資する必要性を説いています。こうした金融機関は、お金の貸し借りばかりでなく、事業の創造、Ｒ＆Ｄ、そして再建に至るまで、さまざまな経営コンサルタント業務を担当する会社に変化しました。ですから、相談してみるとよいです。

5　パートタイム起業

ほかの仕事はしないで起業に専念するフルタイム・ビジネス以外にパートタイムで起業するパートタイム・ビジネスがあります。パートタイム起業とは、会社などに勤めながら片手間で起業する方法です。これは、女性起業家に多いタイプと言えます。たとえば、ピアノや日本舞踊の先生などの個人レッスンからはじめて事業を拡大することが得意なのは、女性です。男性もこれに見習い、定職に就きながら起業すれば、家族も安心でしょう。芥川賞作家の辻原登さんのように、サラリーマンを続けながら作家になる人もいます。習字の先生や美術の先生は個人経営に終わる場合もありますが、経済全体には望ましいことです。

こうしたパートタイム起業は、アメリカでは珍しいことではなく、大企業の多くがパートタイム起業家と言ってもよいほどです。たとえば、アップル、デル、フェイスブック、マイクロソフト、ヤフーなどの日本人にとっても身近な企業もこれに含まれます。[22]

ザッポスのCEOトニー・シェイは、大卒後オラクル社に就職しました。すぐさま、パートタイム起業として、ウェブサイトの作成を始めました。最初に地元の商工会議所にウェブサイトを無料で製作することが認められました。次に商工会議所が顧客だという謳い文句により多くの企業と契約を結びました。これが成功したので、リンクエクスチェンジという会社を立ち上げ、これをマイクロソフトに26、500万ドルで売却し、次に経営に関わったザッポスを12億ドル以上で売却しました。[23]

危険性《ロウ・リスク》が低い起業のために望ましいのは、パートタイム起業でしょう。しかしながら、普通の会社には副業禁止規定があり、パートタイム起業家を生み出すことが難しくなっています。リクルートキャリアの2018年調査では、①兼業・副業を容認・推進している企業は全体の28・8%、②兼業・副業の禁止理由は、「社員の過重労働の抑制」が44・8%、③兼業・副業の受け入れについては、40・6%の企業が受け入れ済もしくは検討中という結果でした。

厚生労働省は「副業・兼業に関するガイドライン」を策定して、企業は、原則、副業・兼業を認める方向とすることが適当であるとしています。すなわち、副業・兼業を禁止、一律許可制にしている企業は、原則、副業・兼業を認める方向で検討するよう求めています。

雇用されることなく企業などから単発の仕事を請け負う就労形態は、ギグエコノミーあるいは日雇い労働《ギグワーキング》と言われていますが、デロイトトーマツグループによると、「フルタイムの仕事と同水準の報酬を得られる」という人は24%でした[24]。この数字は、多いほうではないでしょうか。すなわち、ギグは、起業に結び付くと考えられます。

わが国が成長を続けるためには、起業が不可欠です。こうした起業を助長するためには、既存企業の起業支援が大きな力になります。すべての企業は、従業員全員の終身雇用を保証できないので、いつでも他社で働ける能力であるエンプロイアビリティを従業員に身につけさせることだけでなく、起業支援が一種の社会貢献であり、社会的責任であると思われます。可能であれば、有期契約の起業希望者対象採用枠を設けていただきたい。こうした人たちに早いローテーションで組織のノウハウを伝えてもらうことが、日本の強さを高めていくのです。

なお、会社法で、支店長や営業所長といった「支配人」は、会社の許可を受けなければ、自ら営業を行うなどの競業が禁止されているので、要注意です。

倒産しても「会社のたたみやすさ」が容易であれば、失敗のコストが少なくて済むので起業しやすいと言われますが、失敗しても会社に戻れるような配慮があると安心です。[25] そうした会社は増えつつあります。ＤｅＮＡでは、出戻りをおおむね歓迎しており「外を見て、視野を広げたうえでまた選んでもらえるならその選択は本物だし、ＤｅＮＡのよさや課題を客観的に捉えて改革の旗振りをしてほしい。組織に属さず、プロジェクト単位でゆるやかに繋がっている元社員もいる。会社と個人の関係はそんなに固定的でなくてもいいのかなと思う[26]」として、元社員を活用しています。また、トヨタは「プロキャリア・カムバック制度」、富士通は「カムバック制度」を設けて出戻りを認めています。

6　ベンチャービジネスのタイプ

ベンチャービジネスにもさまざまなタイプがあります。アメリカのベンチャービジネスの草分け的存在は、アップルやグーグルのようなガレージカンパニーと呼ばれるものでした。彼らは、自宅のガレージでコンピュータなどを開発して業界に参入しました。

中小企業庁では、以下のように企業の経緯を分類しています。

①　スピンオフ型（前職の企業を退職し、その企業とは関係をもたないで起業）
②　のれん分け型（前職の企業は退職したが、その企業との関係を保ちつつ独立して起業）
③　分社型（前職の企業の方針として、分社化又は関連会社として起業）
④　独自型（他社での勤務経験はなく、独自に起業）
⑤　その他

起業活動の業種別分類について同庁では、①情報通信業の「ＩＴ型」、②「医療・福祉型」、③小売業及び飲食・宿泊業の「生業型」、④製造業の「ものづくり型」に分類しています。

こうした分類は、起業の分野を決めるうえで参考になると思われます。ベンチャービジネスは、全国的又は世界的なレベルを目指すことを求められますが、必ずしも新技術を自分で開発して創業するわけではないことに注意しなければなりません。たとえば、アップルなどがその範疇に入るでしょう。アップルで使われたマウスとアイコンは、ゼロックスのパロアルト研究所で開発されたものです。[27]「フラッシュ・メモリー」は東芝が開発し、世界に先駆けて実用化したもの[28]が技術供与され、２０１７年現在、韓国サムスン電子が世界シェア１位となっています。また、ノーベル賞受賞者田中耕一氏の成果は、アメリカとドイツの企業が世界に普及させました。

高い成功を収めた製品の半分以上がこの世の中にない製品だと言われています。ソニー創

業者の井深　大氏は「世の中にないもの」を新商品として定義し、「わが社のポリシーは、消費者がどんな製品を望んでいるかを調査して、それに合わせて製品をつくるのではなく、新しい製品をつくることによって彼らをリードすることにある。消費者はどんな製品が技術的に可能かを知らないが、われわれはそれを知っている。だからわれわれは、市場調査などにあまり労力を費やさず、新しい製品とその用途についてのあらゆる可能性を検討し、消費者とのコミュニケーションを通してそのことを教え、市場を開拓していくことを考えている[29]」と述べました。

アップルのミッションは「今までみたこともないものを提供することによって、この世をよくすること」ですが、このことについてスティーブ・ジョブズは、「実際にものをみせてあげるまで、本当のところ、何がほしいのかが消費者自身にもわからないことが多いんだ[30]」と指摘しました。

多くの成功しているベンチャービジネスは、まったくこの世の中にない製品をつくり出そうとして入るのですが、それはとても難しいので、すでに存在するものに「ほかにない何か」を加えているケースが多いのです。重要な点は、全国的又は世界的な競争力のある企業を目指すかどうかです。そうした競争力に欠かせないのは、人材とその組織化です。創業者1人でできる仕事もあるかもしれませんが、本田技研の「技術の本田社長、販売の藤澤専務」で有名な、創業者本田宗一郎の右腕として知られる藤澤武夫さんのような、よいパートナーを

みつけることも必要です。(31)

7 ガゼル企業

ガゼル企業とは、デビッド・バーチによって命名された、雇用創出力と成長可能性をもった企業のことです。バーチは、アメリカで、1981年から1985年までの間に、従業員20人以下の会社がすべての新しい仕事の88・1%を生み出していることを発見し、会社がアメリカ経済の成長を最ももたらしているものを高度のイノベーションと呼びました。(32) その後、バーチらは、小規模であるが、大きな革新によって急速に成長する企業をガゼルと命名しました。このガゼル企業は、1993年には、平均従業員数は61名でしたが、すべての新しい職務の約60%を占めていました。(32)

わが国の研究調査結果は、ガゼル企業に一定の特徴があることを突き止めました。(34) すなわち、成長を続ける企業のカギは、企業の主要活動を構成する「新製品・新サービスの投入」や「マーケティングの強化」の取り組みよりも、「人材育成」への取り組みの違いによって経営成果に大きな違いが生まれることです。この指摘は、戦略だけが企業成長を決定するのではないという主張と一致します。なぜなら、多くの企業は、同じような製品戦略やマーケティング戦略を選択すると推測できるからです。また、優れた人材を欠いての成長維持は不可能です。

8 SOHO《ソーホー》

SOHO《スモール・オフィス・ホーム・オフィス》は、（財）日本SOHO協会によれば、「ITを活用して自宅や小規模事業所等で仕事を行う独立自営型就労」と定義されています。これはさらに、次のような3つの種類に分類されます[35]。①ベンチャー企業を含む中小企業者が自宅や小さな事業所で開業している者だけでなく（狭義のSOHO事業者）、②パートタイム労働の代わりに住宅でインターネットを介して仕事を行っている者であるとか（在宅ワーカー）、③大企業の従業者で在宅勤務を行っている者など（テレワーカー）がそれです。

9 創業支援

創業支援のことをインキュベーションと言います。これには金銭的及び物的支援といったハードの面と運営面でのサポートといったソフトの面があります。このうちソフト面の支援[36]には、アドバイス支援、最も効率のよい手法《ベストプラクティス》の普及[37]、提携の奨励、ゲートウェイサービス（インターネットの安全な接続サービス）などの、中小企業が直面する特定の種類の市場の失敗に対応するものです。

インキュベーターは、産まれて間もない成長の可能性のある企業や個人を対象にしているのに対して、アクセラレーターは、ベンチャーが初期製品を定義して構築し、有望な顧客セグメントを特定し、資本や従業員を含むリソースを確保するのを助けます（Seed Accelerator Rankings Project）。多くのアクセラレーターは、スタートアップとの共創やパートナーシップを目指しています。

以下、具体的にみていきます。

（1）創業資金調達
2017年版『中小企業白書』によれば、創業者の25・2%が政府系金融機関からの借入、8・9%が公的補助金・助成金を活用しています。公的な資金支援には、次のようなものがあります。

①　産業競争力強化法における創業支援事業計画認定制度に基づく創業補助金
国は、産業競争力強化法の下「創業支援事業実施指針」を制定し、それに基づき市区町村が作成、申請した「創業支援事業計画」について国が認定を行い、市区町村が創業支援事業者と連携して同計画に基づき、ワンストップ相談窓口の設置、創業セミナーの開催等の具体

的な創業支援を行っています。

こうした認定市区町村又は認定連携創業支援事業者により、特定創業支援を受けて創業を目指す事業者に対して、一定条件を満たした場合には、200万円を上限として、創業に要する経費の一部の補助を行っています。

②　産業競争力強化法における創業支援事業計画認定制度に基づく創業支援事業者補助金
国からの認定を受けた市区町村の創業支援事業計画に従って、市区町村と連携して民間の支援事業者等が行う創業支援（兼業・副業を通じた創業ニーズにも対応）の取組に要する経費につき、上限額1,000万円の補助を行っています。

③　日本公庫による創業支援資金
代表的政府系金融機関の支援は、日本公庫（財務省所管の特殊法人で、正式名は日本政策金融公庫）によって行われています。日本公庫は、国民生活金融、中小企業金融、農林漁業金融、国際協力銀行業務を担っています。そのうち、新たに事業をはじめる人や事業開始後間もない人には、1,500万円までの融資を無担保・無保証人で利用できる創業融資制度を取り扱っています。

新創業ばかりでなく、創業に再チャレンジする人や経営多角化や事業転換などにより第二創業を図る人への融資も行っています。再挑戦支援資金（再チャレンジ支援融資）制度は、新たに開業又は開業後おおむね7年以内の人で、廃業歴等を有する個人又は廃業歴等を有する経営者が営む法人であること、廃業時の負債が新たな事業に影響を与えない程度に整理される見込み等であること、廃業の理由・事情がやむを得ないもの等であることなどの条件を満たす場合に7億2，000万円を上限として融資されます。

また、高齢者や障がい者の介護・福祉、子育て支援、地域活性化、環境保護等、地域社会が抱える課題の解決を目的とする事業を営む事業者に対して、7，200万円を上限にソーシャル・ビジネス支援資金を融資しています。

日本公庫の創業融資制度の2019年度の利用件数は、27，979企業となっています。女性、シニア及び若者も利用しています。

④　クラウドファンディング

クラウドファンディングとは、ネットを利用して一般の人々から資金調達することです。東京都では、創業資金調達に応えるクラウドファンディングの活用を促進するために利用手数料の補助を行っていて、主婦や学生、シニアの方による創業や、ソーシャル・ビジネス等への挑戦を支援しています。また、クラウドファンディング・プラットフォーム最大手の「レディーフォー」は、女性起業家も支援していて、起業家とそれに出資する出資者の半数以上が女性になっています。[38]

⑤　P2P（ピア・ツー・ピア）

P2Pは、ソーシャルファイナンスなどとも呼ばれ、ネット上で融資を求める中小・零細事業者と個人投資家らをつなぎ、個人間で資金を融通するビジネスです。[39]

（2）創業支援サポート

創業支援サポートは、上記の公的資金支援を行っている組織も実施しています。そのほか、以下の制度も利用できます。

①　認定創業スクール制度

これは、創業に必要な財務・税務等の基本的な知識の習得からビジネスプラン作成等の支援を行う、一定要件を満たす創業支援講座を国が「認定創業スクール」として認定し、地域における創業の活性化を目的とする制度です。

（3）人材の充実・育成支援

人材は重要で、アップル創立の際、ベンチャー投資家のドン・バレンタインは年若いステイーブ・ジョブズとスティーブ・ウォズニアックにマーケティングの専門家をみつけてこない限り、投資しないと言いました。これが功を奏して成功したわけですが、みつけてきた年上の人が参加することにより互いにスキルや経験の不足を補いあったと指摘されています[40]。

経済産業省は、グローバルに活躍するスタートアップを創出するために、「J-Startup」を立ち上げました。これは、実績あるベンチャー・キャピタリストやアクセラレーター、大企業の新事業担当者等の外部有識者からの推薦に基づき、J-Startup 企業を選定し、大企業やアクセラレーターなどの「J-Startup Supporters」とともに、官民で集中支援を行うプログラムです。これまで、CES等の海外展示会出展支援、経団連・経済同友会トップとの懇親会、スタートアップの入札機会拡大などの取組を行っています。

企業事業団は、企業のOBで経営戦略などを助言できる人材をネット上（J-net）で公開して人材提供支援をしているばかりでなく、経営戦略、ビジネスプランの作成から株式公開までのセミナーを開催しています。

そのほか、日本商工会議所と全国商工会連合会をはじめとして、雇用・能力開発機構などさまざまな公的部門で支援をしています。

大学については、大学等技術移転促進法があり、その法律の承認を受けた事業は、認証TLO（技術移転機関《テクノロジー・ライセンシング・オーガニゼーション》）と呼ばれます。このTLOは、大学等の研究成果を特許化して、それを民間企業に技術移転する法人です。2019年現在、東京大学をはじめとする135機関が認定TLOとなっています。

近年では、大学発スタートアップが大学から知的財産権のライセンスを取得する対価に新株予約権を活用するケースが増えていて、東京大学TLOは、新株予約権を221社から取得していて、そのうちの5社が株式公開をしています。[41]

（4）インキュベーション施設
中小企業基盤整備機構では、起業家の育成や、新しいビジネスを支援する施設である「(ビジネス）インキュベーション」を全国で運営しており、常駐するインキュベーション・マネジャーが経営相談、産学連携、ネットワーク構築をサポートしています。

そのほか、市レベルなどでも施設運営しています。たとえば、公益財団法人仙台市産業振興事業団仙台は、仙台市とパートナーを組み、インキュベーション施設としてフィンランド健康福祉センターを運営しています。常駐するインキュベーション・マネジャーによる健康福祉に関する経営相談をはじめ、産学官連携やネットワーク構築もサポートしています。

（5）創業関連保証・創業等関連保証
信用保証協会法に基づき設置されている信用保証協会は、産業競争力強化法に基づく創業者に対して、最大2、000万円までの保証をする「創業関連保証」と中小企業等経営強化法に基づく創業者、新規中小企業者創業等創業に対して最大1、500万円を保証する「創業関連保証」を行っています。

中小企業等経営強化法は、中小企業事業者等が作成した「経営力向上計画」が国から認定を受けた場合、機械及び装置の固定資産税の軽減や金融支援（低利融資、債務保証等）などの特例措置を定めています。

信用保証協会は、創業・事業承継支援も実施していて、たとえば、宮城県信用保証協会は、気仙沼市役所など各地でセミナーを開催しています。

（6）優遇税制

ベンチャー企業投資促進税制（エンジェル税制）では、優遇措置A（設立3年未満の企業）か優遇措置B（設立10年未満の企業）のいずれかの優遇措置を投資した年に受けられます。優遇措置Aは、（投資額−2、000円）をその年の総所得金額等から控除でき、優遇措置Bは、対象企業への投資額全額を、その年の他の株式譲渡益から控除できます。

10　ビジネスプランの策定

ビジネスプランは、創業者が市場ニーズにあった新製品や新規事業を生み出すための計画《プラン》を定めて、それを達成する事業概念を明らかにすることで、起業の妥当性を示す文書です。この文書でビジネスの実行可能性を明確にします。その内容は、資金調達計画、マーケティング、企業組織、生産計画、販売計画、人事計画などで構成されます。ビジネスプランについては、自分で設計するのが主流ですが、ほかの人のビジネスプランを買うこともできます。

特許庁は、企業内の業務処理方法にとどまらず、取引形態さらには事業そのもの、情報技術を駆使したビジネス方法に関する特許権を「ビジネス方法の特許」としているので、まねされたくないビジネスプランは特許を取ることが望ましいでしょう。

アマール・ビーデは、すべての起業家が答えなければならない質問を次のようにまとめています。[42] これらの質問は、ビジネスプランをつくる際に役立つと思われます。

① 目標を明確にすること、すなわち、「あなたがビジネスから個人的に望んでいるものは何か」、法的組織形態を問う「求められる企業の種類」、「起業に要するリスクと犠牲は何か」、「リスクと犠牲に耐えられるか」に答えなければなりません。

② 戦略策定に関しては、明確な方向性を与えるために「戦略は適切に定義されているか」、望ましい経営成果をもたらすための「その戦略は十分な利益と成長を生み出すことができるか」、企業を長期に維持するための「その戦略は、持続可能か」、正しい成長率を確立するための「成長に対する目標は、保守的すぎか、あるいは積極的すぎ

であるか」という質問に答えなければなりません。

③　戦略遂行、すなわち、戦略を遂行するために必要なスキル、知識、価値をもつ従業員という「正しい資源と関係をもっているか」、戦略を遂行するために必要な組織システムの確立で、課業の権限移譲、職務役割の専門化、資金利用可能性の予測と監視、財務記録の維持などが含まれる「組織はどのくらい強いか」、他者に仕事の仕方を教え、望ましい結果を指令し、仕事環境を管理する「自分の役割を果たすことができるか」という質問にも答えなければなりません。

どうしたら儲かるのか。企業が成功できるかどうかは、有効な手法をみつけるまで、試行錯誤を続けられるかどうかにかかっているとも言えます。[43]また、フランセス・フレイらが「大ざっぱに言って、企業が成長する方法は二つある。一つは、すでに行っていること（あるいはそれと密接に関係がある事業）をもっと大規模に行う方法。もう一つは、これまでとは違うことを行う方法だ[44]」と指摘するように、拡大戦略と新規事業立ち上げです。新規事業の開設及びベンチャービジネスの立ち上げに際しては、さまざまなデータを活用するとよいでしょう。

たとえば、カール・フレイらは、コンピュータに取って代わられる可能性がある702種類の仕事の分析を行いました。[45]その結果、コンピュータに取って代わられる可能性が低い職種には、消防署員の現場管理者、栄養士と栄養学者、振付師、セールスエンジニア、内科医と外科医、心理学者、警官と刑事の現場管理者、歯科医、特殊教育を除く小学校教員などでした。それに対して、最も代替されやすい職種には、不動産の検査者・抄録者・調査員、下水設備作業員、保険業者、時計修理士、貨物取扱代理人、銀行の口座開設担当者、図書館の司書、データ入力作業員、銀行の融資担当者などがあげられました。

また、エリック・ブリニョルフソンらは、産業革命を「第一機械時代」とすると、われわれはいまコンピュータをはじめとするデジタル機械の時代である「第二機械時代」を迎えていると指摘しています[46]。この時代では、機械との共存による競争により技術変化に対応しなければなりません。ＡＩが人間の知能を超える技術的特異点《テクノロジカル・シンギュラリティ》が訪れると言われていますが、エミー・バーンスタインらによれば、創造性、対人スキル、問題解決に関することは人間のほうが得意だと分析しています[47]。第二機械時代の到来は、新しいチャンスが生まれていることを意味しますので、積極的に起業することが望ましいでしょう。

11　開業費用

日本政策金融公庫総合研究所の調査[48]では、開業にかかった費用は、平均１、１４７万円でした。費用の内訳は、「店舗・事務所・工場の内外装工事費用」（２７５万円）、「機械設備・

車両・什器・備品の購入」（２７４万円）、「運転資金」（２６７万円）、「土地建物借用費用」（１６４万円）、「土地購入代金」（56万円）、「フランチャイズチェーン加盟金」（30万円）などとなっています。

これらの支払いのために準備した平均額は、１、２９７万円でした。どのようなビジネスを始めるかによって必要な資金は異なりますが、こうしたデータは参考になります。

【註】

（１）株式会社ウィズグループ「平成28年度我が国におけるデータ駆動型社会に係る基盤整備（ＩｏＴスタートアップ支援に関するグローバル連携調査事業）」（www.meti.go.jp › meti_lib › report）。

（２）Jerome A. Katz and Richard P. Green II, ***Entrepreneurial Small Business***, 3 edition, McGraw-Hill/Irwin, 2011, p. 7.

（３）Markus C. Becker, Thorbjørn Knudsen, and Richard Swedberg eds., ***The Entrepreneur: Classic Texts by Joseph A. Schumpeter***, Stanford Business Books, 2011, pp. 4-5.

（４）Robert D. Hisrich and Claudine Kearney, ***Corporate Entrepreneurship: How to Create a Thriving Entrepreneurial Spirit throughout Your Company***, The McGraw-Hill Companies, 2012, p. 7.

（５）http://www.strategy-business.com

（６）Robert Isaak, "The making of the Ecopreneur", in Michael Schaper, ed., ***Making Ecopreneurs: Developing Sustainable Entrepreneurship***, Gower, second edition, 2010, p. 43.

（７）Katz and Green, *op. cit.*, p. 20.

（８）Henry Ford, ***Today and Tomorrow***, Productivity Press, 1963, p. 172.（竹村健一訳『藁のハンドル』中央公論

新社、２００２年、１６４頁）。

（9）Muhammad Yunus with Karl Weber, ***Building Social Business: The New Kind of Capitalism that Serves Humanity's Most Pressing Needs***, Public Affairs, 2010, pp. ix-x.（岡田昌治監修・千葉敏生訳『ソーシャル・ビジネス革命：世界の課題を解決する新たな経済システム』早川書房、２０１０年、10－11頁）。

（10）http://www.keidanren.or.jp

（11）Hisrich et al., ***op. cit.***, p. 62. 参照。

（12）Yvon Chouinard, ***Let My People Go Surfing: The Education of a Reluctant Businessman***, The Penguin Press, 2005, p. 165.（森　摂訳『社員をサーフィンに行かせよう：パタゴニア創業者の経営論』東洋経済新報社、２００７年、２１６頁）。

（13）Linda Gratton and Andrew Scott, ***The 100-Year Life: Living and Working in an Age of Longevity***, Bloomsbury Publishing, 2016, pp. 214-215.（池村千秋訳『ライフシフト：１００年時代の人生戦略』東洋経済新報社、２０１６年、２４０頁）。

（14）David C. McClelland, ***The Achieving Society***, The Free Press, 1961, p. 105.（林　保監訳『達成動機』産業能率短期大学出版部、１９７１年、１５５頁）。

（15）Scott Galloway, ***The Four: The Hidden DNA of Amazon, Apple, Facebook and Google***, Corgi Books, 2017, p. 246.（渡会圭子訳『the four GAFA 四騎士が変えた世界』東洋経済新報社、２０１８年、４０４頁）。

（16）***Ibid.***（同前訳書、４０７頁）。

（17）スイスの国際経営開発研究所：ＩＭＤ：International Institute for Management Development の報告。

（18）https://www.sba.gov

（19）Jeffrey L. Bradach, ***Franchise Organizations***, Harvard Business School Press, 1998, p. 3.（河野昭三監訳『ハーバードのフランチャイズ組織論』文眞堂、２００６年、７頁）。

（20）Udayan Gupta, ***Done Deals: Venture Capitalists tell their Stories***, Harvard Business School Press, 2000, p. 2.（楡

井浩一訳『アメリカを創ったベンチャー・キャピタリスト：夢を支えた35人の軌跡』翔泳社、２００２年、14頁）。

（21）*Ibid.*, p. 6.（同前訳書、18－19頁）。

（22）Katz and Green, *op. cit.*, p. 120.

（23）Tony Hsieh, *Delivering Happiness: A Path to Profits, Passion, and Purpose*, Grand Central Publishing, 2010, p. 1 and p. 40.（本条修二監訳『顧客が熱狂するネット靴店ザッポス伝説：アマゾンを震撼させたサービスはいかに生まれたか』ダイヤモンド社、２０１０年、５頁及び65－66頁）。

（24）２０１９年 デロイト ミレニアル世代の意識調査（https://www2.deloitte.com/jp/ja/pages/about-deloitte/articles/news-releases/nr20190528.html）。

（25）これは、「会社のたたみやすさ」に対して「キャリアのたたみやすさ」と指摘されています（入山章栄『ビジネススクールでは学べない世界最先端の経営学』日経ＢＰ社、２０１５年、２５５－２６１頁）。

（26）南場智子『不格好経営：チームＤｅＮＡの挑戦』日本経済新聞出版社、２０１３年、２３２頁。

（27）Walter Isaacson, *Steve Jobs*, Simon & Schuster, 2011, pp. 92-101.（井口耕二訳『スティーブ・ジョブズ（Ⅰ）』講談社、２０１１年、１６１－１７１頁）。

（28）http://www.toshiba.co.jp

（29）盛田昭夫・下村満子・Ｅ．ラインゴールド『MADE IN JAPAN：わが体験的国際戦略』朝日文庫、１９９０年、１４４－１４５頁。

（30）Jeffrey S. Young and William L. Simon, *iCon: Steve Jobs, The Greatest Second Act in the History of Business*, John Wiley & Sons, Inc., 2005, p. 262.（井口耕二訳『スティーブ・ジョブズ：偶像復活』東洋経済新報社、２００５年、４００頁）。

（31）本田宗一郎『本田宗一郎 夢を力に：私の履歴書』日本経済新聞出版社、２００１年、65頁。

（32）David Birch, *Job Creation in America: How Our Smallest Companies Put the Most People to Work*, The Free

Press, 1987, p. 16 and p. 139.

（33）David Birch and James Medoff, "Gazelles", in Lewis C. Solmon and Alec R. Levenson, eds., *Labor Markets, Employment Policy, and Job Creation*, Westview Press, 1994, pp. 159-167.

（34）佐藤博樹・玄田有史編『成長と人材：伸びる企業の人材戦略』勁草書房、２００３年。

（35）鎌田彰仁「ＳＯＨＯの存立基盤と労働世界：必要なネットワーク支援」佐藤博樹編『変わる働き方とキャリア・デザイン』勁草書房、２００４年、37頁。

（36）Colin Wren and David Storey, "Evaluating the Effect of Soft Business Support upon Small Firm Performance", in David Smallbone ed., *Entrepreneurship and Public Policy*, Edward Elgar Publishing Limited, 2010, pp. 283-314.

（37）多くの会社が外部コンサルタントを使う目的は、他の会社が使っている「ベストプラクティス」を採用するためです（Robert I. Sutton, *Weird Ideas That Work: How to Build a Creative Company*, Free Press, 2002, p. 73.（米倉誠一郎訳『なぜ、この人は次々と「いいアイデア」が出せるのか』三笠書房、２００２年、98頁））。

（38）Joseph F. Coughlin, *The Longevity Economy: Unlocking the World's Fastest-Growing, Most Misunderstood Market*, Public Affairs, 2017, pp. 130-131.（依田光江訳『人生１００年時代の経済：急成長する高齢化市場を読み解く』ＮＴＴ出版、２０１９年、１５２頁）。

（39）日本経済新聞「インドネシアで「Ｐ２Ｐ金融」急成長」２０１９年８月25日、朝刊。

（40）Robert I. Sutton, *op. cit.*, p. 48.（前掲訳書、97－98頁）。

（41）日本経済新聞「新株予約権で大学の知財取得」２０１９年５月20日、朝刊。

（42）Amar Bhidé, "The Questions Every Entrepreneur Must Answer", in Harvard Business Review, *Harvard Business Review on Succeeding as an Entrepreneur*, Harvard Business School Publishing Corporation, 2011, pp. 35-64.

（43）Clayton M. Christensen, James Allworth, and Karen Dillon, *How will You Measure Your Life?*, HarperCollins

Publishers, 2012, p. 60.（櫻井祐子訳『イノベーション・オブ・ライフ：ハーバード・ビジネススクールを巣立つ君たちへ』翔泳社、２０１２年、67頁）。

（44）Frances Frei and Anne Morriss, ***Uncommon Service: How to Win by Customers at the Core of Your Business***, Harvard Business Review Press, 2012, p. 187.（池村千秋訳『ハーバード・ビジネススクールが教える顧客サービス戦略』日経ＢＰ社、２０１３年、２４６頁）。

（45）Carl Benedikt Frey and Michael A. Osborne, "The Future of Employment: How Susceptible Are Jobs to Computerisation ?", September 17, 2013, (http://www.oxfordmartin.ox.ac.uk/downloads/academic/The_Future_of_Employment.pdf).

（46）Erik Brynjolfsson and Andrew McAfee, ***The Second Machine Age: Work, Progress, and Prosperity in a Time of Brilliant Technologies***, W. W. Norton & Company, 2014, pp. 7-8.（村井章子訳『ザ・セカンド・マシン・エイジ』日経ＢＰ社、２０１５年、25頁）。

（47）Amy Bernstein and Anand Raman, "The Great Decoupling: An Interview with Erik Brynjolfsson and Andrew McAfee", ***Harvard Business Review***, June 2015, pp. 66-74.（DIAMONDハーバード・ビジネス・レビュー編集部編訳「機械は我々を幸福にするのか」『人工知能』ダイヤモンド社、２０１６年、１９１－２１３頁）。

（48）日本政策金融公庫総合研究所編・深沼光・藤田一郎『躍動する新規開業企業：データでみる時系列変化』勁草書房、２０１８年、26－28頁。

第4章 企業と市場

1 市場とは何か

市場《マーケット》は、交換のための制度であり、顧客の集合を意味します。市場を、活気あり効率的にするためには、多くの顧客が必要になります。ノーベル経済学賞を受けたアルビン・ロスは「マーケットプレースがうまく機能するためにまず何より必要なのは、取引を希望する参加者を大勢集めて、彼らが最高の取引を探しあてられるようにすることだ(1)」と述べています。

ビジネスチャンスを探し、「市場が求めている」、「消費者が求めている」、「顧客が求めている」ものやサービスを探して、つくり出し、提供するために起業は行われます。起業するにあたって最初に行うことのひとつは、人の欲求《ニーズ》や具体的なニーズ《ウォンツ》といったビジネスチャンスをみつけて、それをいつ、どこで提供するかを見極めることです。

起業をする場合、どこで競争するかも重要な点です。たとえば、インターネット上の仮想《バーチャル》市場でするのか、新商品で新市場を開拓するのかなどです。インターネット上では、マーケットプレース（仮想商店街）と呼ばれる外部の事業者に手数料を払って出店する方法があります。電子商取引（ＥＣ《イー・コマース》）サイトは、店舗をもつ、もたないにかかわらず参入できる市場となっています。さらに、Ｅコマースは、クリックから「アレクサ」を代表とする会話の時代に入り、「ゼロクリックコマース」の時代に突入しました。(2)

競争相手が少ないほうがよい市場もあれば、秋葉原や原宿のように同じ種類の店が集まっていたほうがよい場合もあります。将来性のある市場として、南アジアや中南米などの今後人口増加が見込まれている地域が注目されています。こうした競争相手がいない市場に参入する方法は、ブルー・オーシャン戦略と呼ばれています。サムスンは、当時、日本企業が重視していなかった途上国のテレビ市場に積極的に参入したことをきっかけとして２０１８年まで12年連続でテレビ市場において世界一を手に入れました。

海外市場に関しては、経済産業省の「海外事業活動基本調査結果概要」によれば、２０１７年度における現地法人数は、２万８、５５０社でした。このうち、製造業が1万2、８０２社、非製造業は1万4、７５８社となっています。マブチモーターのように、「世界中どこよりも安いところでつくる」というスローガンのもと、１００％海外生産をしている会社もあります。(3)

近年、娯楽や情報収集のため印刷物、ラジオ、テレビだけでなく、パソコンも使う人が減ってきたそうです。それらに代わりスマートフォンが使われています。ネットで買い物をする場合でさえ最初はスマートフォンで検索する人が多いのです。そこで登場したのがモバイル・マーケティングです。モバイルプラットホームは、適切な時間に、適切な場所の適切な店で、適切な製品に対して、消費者一人ひとりに適切な動機《インセンティブ》を提供できるように、状況《コンテクスト》に合わせて即座にターゲティング（標的市場の決定）を行うことができます。(4) これによって、オンライン（電子商取引プラットホーム）とオフライン（実店舗）のどちらで購入するのが望ましいかを瞬時に知らせることになるので、この2つの世界は縮まると予想されています。

2　マーケティングの必要性

18世紀後半にイギリスで第一次産業革命が起こってから、地球上で製品が大量に生産されるようになりました。それに拍車をかけたのがヘンリー・フォードによる「大量生産システム」でした。ただし、1929年にはじまる世界恐慌以前は、商品をつくれば、さほど努力しなくても売れる時代でした。ところが、モノが世界にあふれるにつれて、人々が望むものだけが売れる時代が到来したのです。この、生産重視から市場重視の戦略がマーケティングでした。

1960年代になって、フィリップ・コトラーによって最初のマーケティングの教科書が書かれました。(5) このテキストの登場で、ジェローム・マッカーシーが提唱した4Pの考え方が普及しました。(6) 4Pとは、どのような製品やサービスをつくるべきかなどの「製品《プロダクト》」、「価格《プライス》」をどうするか、製品やサービスをどのように「流通《プレース》」させるのか、そうしたサービスや製品を知ってもらうための「プロモーション」のことで、これらの最適組み合わせを求める手法は、マーケティング・ミックスと呼ばれます。

その後すべてのモノに当てはまるわけではないのですが、製品が世界中に溢れてきたため、つくれば売れる時代が終焉しました。また技術だけでなく、その価値を伝える重要さから、「第二次世界大戦後、大企業の社長は営業出身者とマーケティング出身者で占められるようになった(7)」のでした。

こうして「マーケティング」という用語が「営業」に取って代わり、顧客との良好な関係を築き維持する活動として認識されるに従い、マーケティングは最も重視されるマネジメント領域になりました。

マーケティングとは、初めから売れる商品やサービスをつくって市場に提供する活動です。売れるかどうかわからないものを提供するのではなく、消費者が求めているものを探し、それを生み出して販売する活動です。マーケティングの目的は、販売を不要とすることと言ってもよいでしょう。(8) 企業の視点でモノやサービスを独断的につくって提供することをプロダクトアウトと言い、消費者の立場から求められているモノやサービスを提供することをマーケットインと呼びます。マーケットインが欠かせない時代になりました。

アメリカマーケティング協会は、世界で最も有名なマーケティングの定義づけをしています。2007年に改訂された定義は、「マーケティングとは、顧客、クライアント（依頼人、得意先）、パートナー及び社会全般のために価値ある提供品をつくり出し、伝達し、配達し、交換するための活動、一連の制度及びプロセスである」となっています[9]。

ドラッカーが、企業《ビジネス》の目的は、「顧客の創造」であるとしたのは有名です。またドラッカーは、企業家的機能は、マーケティングのイノベーションであると位置づけ、マーケティングの目標として「顧客というものをよく理解し、製品やサービスを顧客に合わせ、おのずから売れるようにしてしまうことである[10]」と述べています。

市場に新たな製品やサービスをつくり出して提供することは、とても難しいことです。約90％の新製品は失敗したという報告もあります[11]。何が成功するかわからないというのが事実でしょう。1963年に米RCA社のディック・ウイリアムズは、液晶に電気的刺激を与えると光の通し方が変わることを発見しましたが、それを世界で初めて電卓の表示として商用化したのはシャープです[12]。新しい技術が製品化されるかどうかという製品企画力が問われます。新製品を開発して市場に出す際には必ず、特許がすでに取られているかなどの調査も必要です。特許を含めた産業財産権を扱う国家資格をもつ弁理士を活用することも一案です。

市場でビジネスを行う場合、既存製品なのか、新製品で商売するのか、既存市場なのか海外などの新市場なのかなど、さまざまな選択肢があります。新製品開発によって市場に参入する市場創造には、研究開発のヒントとなるアイデアである種《シーズ》、ニーズ、ウォンツなどを考慮する必要があります。また、製品やサービスの寿命を意味する製品《プロダクト》ライフサイクルに合わせて市場に参入することも大切です。

新製品開発問題に答える方法のひとつは、市場において近い将来一般化するニーズを先回りして示すリード・ユーザーと呼ばれる人を見つけることです。彼らは、マーケティング・リサーチのニーズ予測に役立つばかりか新しい製品の概念やデザイン・データを提供してくれます(13)。

もうひとつの方法は、モノのインターネット（ＩｏＴ：Internet of Things）への関与を高めることです。マサチューセッツ工科大学の研究では、企業のＩｏＴへのコミットメント度合いと、新製品や新サービスの新規事業が創出する売上高に強い相関関係があることを示しました(14)。

市場は、商品やサービスだけでなく、人的資源や資金や情報なども調達する場です。起業は、市場からいろいろなものをみつけ出して自分のやりたいことを実現することです。そうした意味で、会社を設立するためには、市場のマネジメントであるマーケティングの知識が不可欠です。日本政策金融公庫総合研究所の調査でも新規開業後に一番苦労している点は「顧客開拓・マーケティングがうまくいかない」になっています(15)。

3　製品マネジメント

マーケティングを駆使しても、すべてのものが売れるわけではありません。たとえば、フォードの元社長リー・アイアコッカは次のように記述しています。

「自動車会社は消費者の心を操作し会社に都合のいい車を買わせることができると言う人がいるが、そんなこと神話にすぎない。私に向かってそう言う人がいると、微笑して「そう好都合にはいきませんよ」と答えることにしている。われわれの力をもってしても、消費者が買いたくないものを売ることはできないのである」[16]と。

今日のように、マーケティングの技術が発達した状況でも、売れないものは売れません。大事なことは、マーケティングの４Ｐのうち最も製品自体が評価されるようになったことです。たとえば、グーグルでも、この状況を次のように捉えています[17]。

「いまや企業の成功に最も重要な要素は製品《プロダクト》の優位性になった。情報の管理能力でも、流通チャネルの支配力でも、圧倒的なマーケティング力でもない。根拠はいくつかある。まず、消費者はかつてないほど多くの情報と選択肢を手にした。かつては圧倒的なマーケティング力や販売力があれば、お粗末なプロダクトでも市場の勝者になれた」。

すなわち、これほど情報があふれ、魅力的な選択肢がたくさんある状況では、いくら歴史やマーケティング予算があっても質の悪いプロダクトに勝ち目はないのです。たとえば、iグーグルなどは、最高のプロダクトではなかったために、当然の報いとして消え去ったと自評されています。

アマゾンのCEOジェフ・ベゾスも「古い世界ではもてる時間の30%を優れたプロダクトの開発に、70%をそれがどれほどすばらしいプロダクトか吹聴してまわるのに充てていた。それが新たな世界では逆転した」[18]と指摘しています。

よい製品を提供しなければ、市場から消えていかなければなりません。よい製品は、ほかの製品と区別されなければなりません。そのためにはブランド力をつけなければなりません。

ブランドとは、「企業が自社の商品やサービスを競合他社のものと区別するために名前、文字、記号、色彩などを組み合わせたもの」です。企業《コーポレート》ブランドは、他社との区別をするための企業名自体のことです。商品レベルの信用である商品ブランドは、わが国では「銘柄」に相当し、次もこのブランドにしようとする消費者のブランド忠誠心《ロイヤルティ》を確保するためにも必要なものです。なお、企業そのものの信用を暖簾《グッドウィル》と言います。顧客の好意は、企業にとっての財産だからです。東日本大震災で被災し、工場も機械も人的資源さえも失った企業が復活できたのは、暖簾のおかげです。

ブランドは、企業ばかりでなく消費者にも利益を与えます。たとえば、消費者が製品を購入するとき、有名ブランドは選択基準になります。一般にブランドの構成として次のものが含まれます。[19]

① ブランド・ネーム

会社を立ち上げるときに、最も慎重に決めなければならないのがこれです。ブランド名には、商品やサービスの個別ブランドばかりでなく、企業ブランド、事業ごとの事業ブランドなどを決めなければなりません。商品やサービスについては、シンプルで、発音やつづりが容易なことや、親しみやすく意味のあること、差別的で、特色があり、ありふれていないことなどに注意しなければなりません。

② ロゴとシンボル

ロゴとシンボルは、視覚に訴えるもので、これらを用いれば認識されやすくなります。ロゴの例としては、オリンピックの五輪などがありますが、これはシンボルとも呼ばれています。ロゴは、より現代的な外観にするため、変更可能ですが、固有の視覚上の優位性を失わないようにしなければなりません。たとえば、スターバックスのロゴは1971年からかなり変更されています。

③　キャラクター

キャラクターは、架空もしくは実在の人物などを型取った一種のブランド・シンボルです。例として、マクドナルドのドナルド・マクドナルドや不二家のペコちゃんなどがあります。

④　スローガン

スローガンは、ブランドに関する記述的情報あるいは説得的情報を伝達する短いフレーズです。これによって差別化を図ろうとする場合もあります。一般的には、広告やパッケージなどに書かれています。

⑤　ジングル

ジングルは、ブランドに関する音楽によるメッセージです。多くの場合、リスナーの心に長期間記憶されるような非常に覚えやすいフレーズとリズムでつくられています。

⑥　パッケージング

パッケージングは、製品の容器あるいは包装をデザインし、制作する活動を意味します。たとえば、練り歯磨き、ソフトドリンク、ガムなどの容器や包装はすべてこの対象になります。

以上の他に「カラー」がブランド構成に含まれる場合があります。たとえば、エルメスのオレンジやコカ・コーラの赤などです。

ブランド構築に必要なもう1つのことは、ポジショニングを明らかにすることです。マーケティングの手順として、最初にSTPというものがあります。性別、学歴別、地域別などで市場を分割する市場細分化《セグメンテーション》を行います。その後、どの市場で勝負するかという標的市場《ターゲティング》の決定を行います。かつては、年齢、職業、性別などで対象を決めるデモグラフィック・ターゲティングや気に入ったものが同じ人を対象とするソーシャル・ターゲティングが基本でしたが、今日ではある人の行動を追跡して行う行動ターゲティングが主流になっています[20]。その後、市場における競合ブランドに対する位置決め《ポジショニング》を行います。たとえば、スターバックスのように「20～30代の女性に自宅や職場ではない心地よい第3の居場所《サードプレイス》を提供する」などです。ポジショニングを行う際には、どの企業が競争相手になるかを調べて、消費者に自社の位置を示さなければなりません。

4 価格

単一価格が成立したのはそれほど昔のことではありません。19世紀末の大規模小売業の発達により、販売品目数と従業員数の拡大によってそれは出現したと言われています。

価格設定の際考慮しなければならないのは、費用、需要、企業間競争です。費用については、損益分岐点分析や投資収益率などのツールを活用することが望まれます。需要の分析には市場調査を、企業間競争に勝利するには戦略策定が必要です。

傾聴に値する理論として、クレイトン・クリステンセンの「破壊的イノベーションの理論」があります。破壊的イノベーションは、新しい価値提案を実現するもので、一つは新しい市場を生み出す新市場型です。もう一つは、既存市場を大きく変えるローエンド型と呼ばれるものです。このローエンド型の破壊的イノベーションが起こるのは、既存顧客が使いこなせる価値に比べて、製品・サービスが「性能過剰」になり、したがって高価になりすぎたときです。既存企業は、持続的イノベーションの戦いでは、新規参入企業に勝つ可能性は高いのですが、破壊的イノベーションで攻撃をしかけてくる企業には、ほぼ必ず負けると言われています[21]。すなわち、モノやサービスに過剰満足な状態が生じると、市場の最下層をターゲットとするローエンド型の製品やサービスが登場し、その製品が最上層をターゲットとするハイエンド型の企業を破壊するのです。たとえば、パリのオートクチュールではなく、ザラの服で十分ということになります。添乗員が付き添う海外旅行ではなく、主力商品を飛行機とホテルだけのパッケージに絞ったＨＩＳで十分ということになります。ザラは、世界最大の衣料品メーカー、ＨＩＳは、海外旅行シェアで日本一になりました。

このローエンド型破壊的イノベーションには、より便利な製品の市場投入も含まれるものの、大半が価格の安さを売り物にしているのです。ほとんどの顧客は「安さ」を求めているという調査結果もあります。安さを売りにしないのであれば、専門化するか新市場を目指すことがよいでしょう。

5　プレース

プレースは、流通を指す場合が一般的です。すなわち、工場で生産された製品が消費者にいたるまでの経路のことを流通チャネルと言いますが、アマゾンにみられるように、流通の方法は、ビジネスに大きな影響を及ぼします。また、原材料調達から生産、販売に至るまでの物流の合理化手段であるロジスティクスを専業とする業界では、それが最大関心事になります。

ここでは、事務所などの立地、店舗及びオフィスについて述べておきます。プレースとして最初に考察しなければならないのは、実店舗《モルタル》で商取引をするのか、インターネット上の仮想市場《クリック》（この市場のみで営業する企業は「ドットコム企業」とか「ピュア・プレイヤー」と呼ばれます）で事業を展開するのか、それともその両方のクリック・アンド・モルタルで行うのかを決定しなければなりません。

モルタルの立地選定に関してもいろいろな注意を払わなければなりません。たとえば、ケンタッキー・フライドチキンの創設者カーネル・サンダースが経営する「サンダース・コート&カフェ」前の道路が町の西側に11キロも移転したため、廃業に追いやられたことは有名です。[22]

コトラーらは、新事務所の立地選択に際して以下のような考慮すべき事柄を指摘しています。[23]

（1）競合他社の事務所の立地
（2）病院、裁判所、大学、図書館といった頻繁に利用する施設への近さ
（3）銀行やコンサルティング会社、法律事務所、会計事務所、研究所、保険会社などの「支援組織」への近さ
（4）レストランやクラブなどの接待する場所への近さ
（5）事務所賃貸料、公共料金、セキュリティ費用、駐車場代、保守整備費などのコスト
（6）人口、不動産価格、購買パターンなどの今後の動向
（7）立地候補の拡張や撤退が容易かなどの柔軟性
（8）道路網や地域区分からみた商圏の重複

これら以外に検討すべき事柄があります。1つは、場所の「安全性」です。たとえば、地震やその他の自然災害が少ないなどの点を検討しなければなりません。もちろん、海外では、

テロや病気などに罹患する恐れが少ない場所が重視されます。そのほか、障碍者ばかりでなく、高齢者にとっても安全で優しい街であることが望まれます。そのため、街のバリアフリーとオフィスのバリアフリーが一体となっていなければ優しい場所とは言えません。

第二は、場所の「ブランド性」です。一例として、東京の銀座や大阪の梅田のような場所のブランド性があげられます。海外では、ニューヨークやパリに拠点を構えることが、ブランド力をつけることになるでしょう。鉄鋼王アンドリュー・カーネギーは、本社をピッツバーグからニューヨークに移しましたが、その時「アメリカではニューヨークはあらゆることの中心で、ロンドンが英国にとって重要なのと同じであった。アメリカの重要企業はみんな本社をニューヨークにおいていた(24)」とその理由を述べています。

第三は、場所の「安さと人材確保の容易さ」です。これはコトラーの指摘する事務所賃貸料や公共料金などの低さばかりでなく、人材が同時に確保できる場所が望ましいことを意味します。今日では、地方でも高速ネット回線が普及し、大都市と同様の条件で格安に事務所開設が可能になりました。ビルディンググループによれば、2019年の推定成約賃料は、福岡で13,650円、札幌で10,522円となっていて、東京の21,940円に比べるとかなり安く、人材についても採用しやすくなっています。

第四は、場所の「費用対効果」です。これは、極論すれば、どれだけお金をかけても、それ以上の利益を得ればよいということです。そのために、スターバックスでは、企業拡大とブランド確立のために、出店場所を好ましい他の小売業が近くにある、人通りが多く目立つ場所を借りる、ブランドのイメージを大切にしたデザイン、高品質でありながらコスト効率のよい建設、慎重な資産管理を柱にしています[25]。

コンビニエンスストアを展開する場合は、同じ店舗の立地が競合しないように考慮しなければなりません。しかし、出店場所を集中すると、コストを下げると同時に短時間での配送などの店舗ニーズに速やかに応じることができます。セブン－イレブンは「ドミナント出店戦略」を採ってきました。この戦略は、限定地域への集中出店であり、このことによってたくさんの専用工場及び配送センター当たりのカバー店舗数が多くなり、物流面においても短い時間距離での配送車の移動ですむというメリットを生みだしたのです。今では日本セブン－イレブンの１００％子会社になった、アメリカのセブン－イレブンの本部企業「サウスランド社」を再建する際にも、店舗のリモデリングと並行して、不採算部門をクローズするときドミナントを強化するやり方でテコ入れしました[26]。

ほとんどの企業では、オフィススペースは給与と各種手当に次いで支出の大きい部分を占めます。このことについてトム・ケリーは、「競争力ある企業はどこも、一流の才能にはそれに見合う高い給与を支払わなければならないことを知っている。その才能あふれる人たちが仕事をするスペースをつくり出すことに同じだけの注意を払うのは当然ではないだろうか。アスリートには適切な施設が必要だ。働く人間も同じである[27]」と述べて、よいオフィスの必要性を強調しています。

費用対効果を高める方法として、昼間と夜という時間帯別に別の仕事をする二毛作立地という方法があります。大学は、昼間は昼間主、夜は夜間主の授業をすることで、夜休んでいるプレースを活用できます。

同じ店を曜日によって異なる店名で営業する例もみられます。富山の置き薬や「オフィスグリコ」、森永コンビニＢＯＸなどのオフィス内立地も有効です。さらに、ケンタッキー・フライドチキンのカーネル・サンダースが行ったガソリンスタンドと「サンダース・カフェ」の同時営業やレンタルビデオと書店を展開するＴＳＵＴＡＹＡのように、いくつかの事業を同時に営むことによってもたらされる相乗《シナジー》効果を求める複合立地も効果があります。

世界最大の事業用不動産サービス及び投資顧問会社のＣＢＲＥ社の２０１９年の調査[28]では、供給不足と空室率の低さから世界一のオフィス賃貸コストは香港（セントラル：１平方フィート当たり３２２・00ドル）でした。ロンドンは2位、3位は九龍でした。東京の丸の内・大手町（同１６７・82ドル）は、世界8位でした。途上国の経済成長に伴い、金融街は費用対効果が高いので今後も賃料は上昇するであろうと考えられます。

第五は、「交通の利便性」です。豪華客船が停泊できる港、観光地に近接した駅、飛行場が近いなど、交通インフラが整備されていることが望まれます。衣料品のザラを展開するインディテックス社にとって、ア・コルーニャ空港は製品をスペインから世界に輸送するのに欠かせません。また、駅ナカ立地と呼ばれる駅と一体化しているスペース、道ナカという高速道路のパーキングエリア、空ナカと呼ばれる飛行場などが注目されます。

第六は「規制の特例措置」です。本来、事業化が不可能な地域でそれを可能にすることを定めた法は「構造改革特別区域法」ですが、この法律において「構造改革特別区域」とは、地方公共団体が当該地域の活性化を図るために自発的に設定する区域であって、地域の特性に応じた事業を実施し又はその実施を促進するものを指します。2019年8月まで累計では、1,331件が認定されており、第48回では「やひこワイン特区」など4件が認められました[29]。

こうした「特区」と呼ばれている地域は、これだけではありません。世界銀行の分類では、100以上の国で自由貿易特区（貿易の支援）、伝統的な輸出加工区（製造業の輸出促進）、自由企業（製造業の輸出促進）、ハイブリッド輸出加工区（製造業の輸出促進）、自由貿易港（総合開発）などが指定されていて、それぞれ魅力的な特徴をもっています[30]。

6 プロモーション

よい製品やサービスをつくっただけでは、売れません。それを人々に知ってもらわなければなりません。そのための活動は、プロモーションと呼ばれます。プロモーションには、広告、セールス・プロモーション、人的販売、パブリシティがあります。このうち、広告は、企業が資金を出して行うもので、知らせる、説得する、思い出させる、という三機能を果たします。セールス・プロモーションは、実演やダイレクトメールなどの販売促進です。人的販売は、販売員が顧客に製品やサービスを提示して販売する活動です。パブリシティは、テレビ、ラジオ、新聞などに自社のサービスや製品を紹介してもらうことにより、コストをかけず広告効果を得るものです。これらは組み合わせることが多く、それをプロモーション・ミックスと呼びます。

近年、事業に役立つ知見を導出するためのデータであるビッグデータとＡＩによって世界中のすべての店と客の買い物パターンを追跡して分析できるようになったため、その分析結果を即座に割引、在庫の変更、店のレイアウトなどに反映できるようになりました[31]。

プロモーション予算はどのくらい必要かについては、①支出可能予算決定法（支出できる金額を予算とする）、②売上高比率法（売上高の一定比率を予算とする）、③競争同化法（競争他社の支出に合わせる）、④目標・課業管理法（目標達成に必要な課業に要するコストを用いる）などがあります[32]。

7　経営資源の調達

経営資源とは、経営に役立つ資源のことで、人、物、金、情報、のことを指します。そのほか、ブランドなども含むとする見解があります。また、経営戦略論では、土地や建物などの有形資産、特許や技術ノウハウなどの無形資産及び人的資源の3つに区分することもあります[33]。

ジェフリー・フェーファーらは資源依存理論を主張し「組織の存続にとってカギとなるのは、資源を獲得し、維持する能力である[34]」と述べています。人については、第7章で詳しく述べますので、ここでは、物、金、情報についてみていきます。

第2の経営資源である物については、土地、建物、設備、ＡＩなどさまざまなものがあります。

製品やサービスの製造に関しては、企業が自ら製品をつくる内製と市場調達及び系列などの中間組織を活用する3つの方法があります。このうちどの戦略を選択するかによって「物」がどれくらい必要になるかが決まります。自社で部品などを製造する比率のことを「内製率」と言います。内製率が6割であるとすると、他社から部品を調達している割合は4割となります。市場調達は、他の企業による規模の経済（大量につくると安くできる）、範囲の経済

（いろいろな事業を行うことで共通費用が少なくなる）、学習効果（1単位の生産に要する加工時間が、累積生産量が倍加するごとに10～20％低減していく）及び経験曲線（1単位を生産するのに必要とされる総コストが、累積生産量が倍加するごとに15～30％低減する）[35]による低価格と高品質を享受できる反面、交渉や契約の作成と実行に伴う費用である取引価格が発生します。

企業による内製の場合、フォード社が行ったような一括内製を追求したリバールージュ工場における大量生産は、市場取引よりもコストを削減できる可能性がある反面、競争にさらされないために改善が顕著に現れない等の理由によってコストの上昇に苦しめられるかもしれません。

第3の経営資源である金（資金）については、直接金融と間接金融及び自己金融に分けられます。金融とは、経済の資金流通の全体を意味する場合もありますが、一般的には、資金の融通のことで、資金の貸借取引を意味し、資金繰りとも言います。

一つ目は、直接金融です。これは、企業自身が資金の貸し手と出資契約を結び、貸し手から直接資金を調達することです。これには、株式発行や売掛金と支払手形による買入債務、手形借入、市場を相手に行われる手形借入であるコマーシャル・ペーパー、社債金融など多様なものがあります。このうち、資本市場で株式発行する株式金融は、返済義務も支払利息も必要としない反面、創業者以外の株主の意見を取り入れながら経営しなければならない場合があり、経営の自由が制限されるとか、株主資本利益率（ＲＯＥ《リターン・オン・エクイティ》：当期純利益÷自己資本×１００）や総資産利益率（ＲＯＡ《リターン・オン・アセット》：当期純利益÷総資産×１００）に対する要求が厳しくなる可能性があります。ＲＯＥを高めるために自己株式を取得する会社もあります。そうして株式市場から調達された自己株式は、金庫にしまわれることから金庫株とも言われます。

次は、間接金融です。これは、銀行借り入れのことで、お金をもっている預金者から銀行を通して間接的に企業が資金借り入れをすることから、間接金融と呼ばれます。

こうした金融のほかに、利益の社内留保である自己金融があります。会社の利益処分の結果として、社内留保、株主配当、自己株式の取得が行われます。

起業当初には、キャッシュフローの改善が特に大事です。キャッシュフローは、現金と定期預金などの現金等価物の流れのことです。次の投資のための現金が手元に確保されていることが健全な経営と結びつきます。現金がないと資金の借り入れを常に行うことになり、ペダルをこぎ続けなければならない自転車操業になります。

会社の成績表は、財務諸表と呼ばれるものが代表となります。これには、資産、負債、純資産を示す貸借対照表《バランスシート》（ＢＳ）、収益と費用の状態を示す損益計算書《プロフィット・アンド・ロス・ステイトメント》（ＰＬ）、資金の増減を示すキャッシュフロー計算書、貸借対照表の純資産の変動状況を示す株主資本等変動計算書が含まれます。財務諸表は、対外的会計情報提供を責務とする財務会計の対象です。これ以外にも、経営分析など社内管理のための管理会計、税金計算のための税務会計があります。日本の会計基準と国際財務報告基準は異なるので注意しなければなりません。

最後は、情報資源です。これには、知識、データ、ノウハウ、特許などが含まれます。

知識は、基本的には個人が所有しているのですが、みんなの知識を集めれば、競争力が高まるとして提案されたのが「学習する組織《ラーニング・オーガニゼーション》」です。この組織は、「人々がたゆみなく能力を伸ばし、心から望む結果を実現しうる組織、革新的で発展的な思考パターンが育まれる組織、共通の目標に向かって自由にはばたく組織、共同して学ぶ方法をたえず学びつづける組織」として定義されています[36]。具体的には、何を創造したいのかという共有ビジョンの下で、協力して学べるチームを創ることによって、組織のあらゆるレベルで人々の決意や学習する能力を高める努力をすることです。

知識には、コンピュータ処理が簡単で、電子的に伝達可能で、データベースに蓄積できる「形式知」と、目にみえにくく、表現しがたい暗黙的なもので、個人の行動、経験、理想、価値観、情念などが含まれる「暗黙知」があります。暗黙知は、マイケル・ポランニーが「語ることのできない知識」と定義したものです[37]。

そうした知識の主観的、身体的、暗黙的側面を含めて組織内に知識を獲得し、蓄積して「新しい知識を創造する」組織的知識創造企業が提案されています[38]。

知識は、グーグルやフェイスブックの例をあげるまでもなく、企業の価値そのものになったため、組織的知識の蓄積を重視する組織学習は、今後もますます重視されるでしょう。

情報についてはＡＩとＩＴ（情報技術《インフォメーション・テクノロジー》）の進展に取り残されないことが肝心です。近年では、金融に関しては、ＣＦＯ（最高財務責任者《チーフ・フィナンシャル・オフィサー》）ばかりでなく、ＣＩＯ（最高情報責任者《チーフ・インフォメーション・オフィサー》）を設ける会社も増えています。ＡＩとＩＴの進展は、経営戦略を変え、組織やマネジメントのあり方を変え、競争の仕方を変え、場合によっては会社の存続を左右します。戦略が経営環境と不整合になる程度が高まると、会社は倒産する可能性が高まります。それを防ぐためには、知識の集積が欠かせません。とりわけ組織学習によるプログラム可能な知識と暗黙知と呼ばれるプログラムできない知識の蓄積が必要です。

企業では、ＭＩＳ（経営情報《マネジメント・インフォメーション》システム）として、戦略情報システム、意思決定支援システム、会計情報システム（鈴木好和訳『コンピュータ会計情報システム』[39]もご参照ください）、生産管理情報システム、マーケティング情報システムなどが用いられています。

【註】

（１）Alvin E. Roth, *Who Gets What - and Why: The New Economics of Matchmaking and Market Design*, Mariner Books, 2015, p. 8.（櫻井祐子訳『フー・ゲッツ・ホワット：マッチメイキングとマーケットデザインの新しい経済学』日本経済新聞出版社、２０１６年、16頁、本書では「マーケットプレイス」という訳になっています）。

（２）Paul R. Daugherty and H. James Wilson, *Human + Machine: Reimagining Work in the Age of AI*, Harvard Business Review Press, 2018, p. 95.（保科学世監修・小林啓倫訳『人間＋マシン：ＡＩ時代の８つの融合ス

キル』東洋経済新報社、２０１８年、１３１頁)。
(3) 日経ビジネス編『1ドル80円工場：空洞化を超えるモノ作りの現場から』日本経済新聞社、１９９５年、２頁。
(4) Anindya Ghose, *TAP: Unlocking the Mobile Economy*, MIT Press, 2017, p. 41.（加藤満里子訳『タップ：スマホで買ってしまう9つの理由』日経ＢＰ社、２０１８年、71頁)。
(5) Laura Mazur and Louella Miles, *Conversation with Marketing Masters*, John Wiley & Sons, Ltd, 1988, p. 8.（木村達也監訳・早稲田大学商学学術院木村研究室訳『マーケティングを作った人々』東洋経済新報社、２００８年、２８２頁)。
(6) McCarthy E. Richard, *Basic Marketing: A Managerial Approach*, Homewood, III.: Richard D. Irwin, 1964.（粟屋義純監訳『ベーシック・マーケティング』東京教学社、１９７８年)。
(7) Jeffrey Pfeffer, *The Human Equation: Building Profits by Putting People First*, Harvard Business School Press, 1998, p. 137.（守島基博監修・佐藤洋一訳『人材を活かす企業：「人材」と「利益」の方程式』翔泳社、２０１０年、１１２頁)。
(8) 恩蔵直人『マーケティング（第2版)』日本経済新聞出版社、２０１９年、14頁。
(9) http://www.Marketingpower.com
(10) Peter F. Drucker, *Management: Tasks, Responsibilities, Practices*, Harper & Row, Publishers, Inc., 1974, p. 61 and p. 64.（上田惇生訳『抄訳マネジメント』ダイヤモンド社、１９７５年、24頁、37頁)。
(11) Lloyd L. Byars and Leslie W. Rue, *Human Resource Management*, 10th ed. McGraw-Hill Irwin, 2011, p. 13.
(12) http://www.sharp.co.jp
(13) Eric Von Hippel, “Lead Users: A Source of Product Concept”, *Management Science*, Vol.32, No.7, July 1986, pp. 805-971.
(14) Peter Weill and Stephen L. Woerner, *What’s Your Digital Business Model?: Six Questions to Help You the Next-*

Generation Enterprise, Harvard Business Review Press, 2018, p. 114.（野村総合研究所システムコンサルティング事業本部訳『デジタル・ビジネスモデル：次世代企業になるための６つの問い』日本経済新聞出版社、２０１８年、４６５頁）。

（15）日本政策金融公庫総合研究所編、深沼光・藤田一郎、前掲書、30頁。

（16）Lee Iacocca with William Novak, *Iacocca: An Autobiography*, Bantam Books, 1984, p. 66.（徳岡孝夫訳『アイアコッカ：わが闘魂の経営』ダイヤモンド社、１９８５年、81－82頁）。

（17）Eric Schmidt and Jonathan Rosenberg with Alan Eagle, *How Google Works*, Grand Central Publishing, 2014, pp. 13-14.（土方奈美訳『How Google Works：私たちの働き方とマネジメント』日本経済新聞出版社、２０１４年、29－31頁）。

（18）George Anders, "Jeff Bezos Gets it", *Forbes*, April 23, 2012, p. 79.

（19）Kevin Lane Keller, *Strategic Brand Management: Building, Measuring, and Managing Brand Equity*, Prentice-Hall, Inc., 1998, pp. 130-167.（恩藏直人・亀井昭宏訳『戦略的ブランド・マネジメント』東急エージェンシー出版部、２０００年、１７２－２１１頁）。

（20）Scott Galloway, *op. cit.*, p. 188.（前掲訳書、３０８－３０９頁）。

（21）Clayton M. Christensen, Scott D. Anthony, and Eric A. Roth, *op. cit.*, p. xv.（前掲訳書、５頁）。

（22）Colonel Sanders, *Col. Harland Sanders: The Autobiography of the Original Celebrity Chef*.（コール陽子訳『世界でもっとも有名なシェフ　カーネルサンダースの自伝』日本ケンタッキー・フライドチキン株式会社、２０１３年、１６１頁）。

（23）Philip Kotler, Thomas Hayes and Paul N. Bloom, *Marketing Professional Services*, Second Edition, Learning Network Direct, Inc., 2002, pp. 302-303.（白井義男監修・平林祥訳『コトラーのプロフェッショナル・サービス・マーケティング』ピアソン・エデュケーション、２００２年、２４７－２４８頁）。

（24）Andrew Carnegie, *Autobiography of Andrew Carnegie*, Pickering & Chatto Limited, 2010, p. 185.（坂西志保訳

『カーネギー自伝』中公文庫、２００２年、１６０頁）。

(25) Howard Schultz with Joanne Gordon, *Onward: How Starbucks Fought for Its Life without Losing Its Soul*, Rodale, Inc., 2011, p. 257.（月沢李歌子訳『スターバックス再生物語：つながりを育む経営』徳間書店、２０１１年、３５１頁）。

(26) 緒方和行『鈴木敏文のセブン‐イレブン・ウェイ：日本から世界に広がる「お客様流」経営』朝日新聞出版、２０１３年、33頁及び１１０頁。

(27) Tom Kelley with Jonathan Littman, *The Art of Innovation: Lessons in Creativity from IDEO, America's Leading Design Firm*, Profile Business, 2001, p. 121.（鈴木主税・秀岡尚子訳『発想する会社！：世界最高のデザインファームＩＤＥＯに学ぶイノベーションの技法』早川書房、２００２年、１３６‐１３７頁）。

(28) http://www.cbre.co.jp

(29) 内閣府地方創生推進室「構造改革特別区域計画の第44回認定」（www.kantei.go.jp）。

(30) Thomas Farole and Gokhan Akinci, eds., *Special Economic Zones: Progress, Emerging Challenges, and Future Directions*, The World Bank, 2011, p. 2.（www.worldbank.org）。

(31) Scott Galloway, *op. cit.*, p. 190.（前掲訳書、３１２頁）。

(32) Kotler and Armstrong, *op. cit.*, pp. 414-415.（前掲訳書、６２７‐６２９頁）。

(33) 淺羽茂・牛島辰男『経営戦略をつかむ』有斐閣、２０１０年、60頁。

(34) Jeffrey Pfeffer and Gerald R. Salancik, *The External Control of Organizations: A Resource Dependence Perspective*, Harper & Row, Publishers, Inc., 1978, p. 2.

(35) 高松朋史・具承桓『コア・テキスト　経営管理・第２版』新世社、２０１９年、１６５頁。

(36) Peter M. Senge, *The Fifth Discipline: The Art & Practice of the Learning Organization*, Doubleday, 1990, p. 3.（守部信之訳『最強組織の法則：新時代のチームワークとは何か』徳間書店、１９９５年、９‐10頁）。

(37) Michael Polani, *The Tacit Dimension*, Routledge & Paul Limited, 1966, p. 9.（佐藤敬三訳『暗黙知の次元：言

語から非言語へ』紀伊国屋書店、１９８０年、16頁）。

（38）Ikujiro Nonaka and Hirotaka Takeuchi, *The Knowledge-Creating Company: How Japanese Companies Create the Dynamics of Innovation*, Oxford University Press, 1995, pp. 49-50.（梅本勝博訳『知識創造企業』東洋経済新報社、１９９６年、72－73頁）。

（39）Dames O. Hicks and Wayne E. Leininger, *Accounting Information System*, West Publishing Co., 1981.（長松秀志監訳『コンピュータ会計情報システム：戦略的企業情報システムの展開』白桃書房、１９８６年）。

第5章　ミッションと経営計画

1　計画の必要性

図表５－１　PDSサイクル

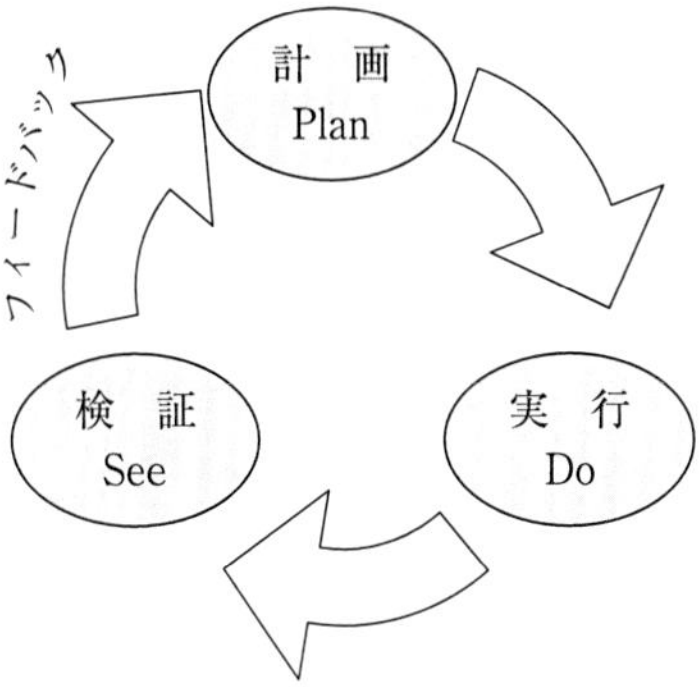

経営を適切に行うためには、計画を立てなければなりません。その理由は、直観も大切ですが、直観だけで実行するよりも分析を加えた計画を起案し、改善を行う経営の方が間違いや失敗が少ないばかりでなく、達成すべき明確な目標ができるからです。経営がうまくいっていない会社は、計画を立てていないことが多いと思います。

人間は、誰でも大なり小なり見誤り、間違いを犯します。取り返しがつかなくなる前に、間違いを早く修正することが必要です。軌道修正を実施するために、PDSやPDCAと呼ばれる管理サイクルが用いられています。PDSサイクルは、図表５－１に示すように、P

(計画《プラン》)、D(実行《ドゥ》)、S(検証《シー》)の後で、その検証結果と最初の計画との間に不都合が生じている場合に、不適切な点の修正をするフィードバックを加えて、新たな計画づくりを行う継続的改善を目的としたサイクルです。

PDCAサイクルは、品質管理《クオリティー・コントロール》(QC)を構築したウォルター・シューハートとエドワード・デミングの名をとってシューハート・サイクルとか、デミング・サイクルとも呼ばれます。それは、P(計画《プラン》)、D(実行《ドゥ》)、C(検査《チェック》)、A(改善《アクト》)のサイクルで、PDSと同様に、Aの結果をPに反映することでサイクルとなっています。たとえば、製品をデザインし(P)、それをつくり(D)、それを市場に出し(C)、ユーザーがそれをどのように考えているかなど、使用可能状態にあるその製品をテストし(A)、そして、その製品を再デザインするという手順になります[1]。かつてはPDSが主流でしたが、今日ではPDCAがトヨタをはじめとする企業ばかりでなく、官公庁や大学でも用いられています。どちらのサイクルでもよいのですが、それをできるだけ早くまわして、環境が要求しているものと会社が行っていることのブレを修正していくことがよい経営につながります。

計画が経営に重要であると指摘した代表的な人は、経営学の父と呼ばれるフレデリック・テーラーです。テーラーは、それまでは、計画する仕事は、賃金の高い機械工にまかせていたのですが、「工員はもちろん、組長にも職長にもできるだけ計画する仕事をさせないことにする。多少でも事務的なことは一切させないことにする。頭脳的な仕事に属することは全部工場からとりさり、これを計画課または設計課にあつめてしまい、職長と組長とには実行的な仕事だけをさせる」として、従業員各人に自分の仕事に専念させ、「管理法の全分野を通じて軍隊式組織をやめてしまい、いわゆる職能組織または「機能式」組織といれかえてしまわなければならない」と指摘しました。(2) この指摘から、職能組織の「部」や「課」が成立したとみることができます。

2 計画の実際

最初に設定する計画は、ミッションあるいは「使命」と呼ばれるものです。ミッションは、会社の価値観から由来するものです。具体的には、雇用を増やして社会に貢献したいなどです。ミッションは、いろいろな会社のホームページに掲げられています。なお、社是は会社の方針や主張で、社訓は従業員の行動規範を意味するのですが、これらも作成することが望ましいでしょう。各企業の事例については、社会経済生産性本部編『ミッション・経営理念』生産性出版、等を参考にしてください。

ミッションの例として、資生堂は「私たちは、多くの人々との出会いを通じて、新しく深みのある価値を発見し、美しい生活文化を創造します」(3) と謳っています。

ヨネックスは経営理念を「独創の技術と最高の製品で世界に貢献する」としていますが、

これはミッションと同義と考えられます。創業者の米山氏は、この理念の根底にある考えを「徹底した品質管理は言うまでもなく、業界を震撼させる製品開発こそブランド力を高める最たるものである[4]」と指摘しています。このほか、日本郵政グループのように、巨大企業が集まっているところではグループ全体をまとめるグループ・ミッションをもっているところもあります。

このように、ミッションとそれをさらに具体化した目標が設定されたら、その目標を実現するための戦略計画《ストラテジックプラン》を策定します。この計画は、経営戦略とか企業戦略などと呼ばれています。戦略計画とは、「何：What」を問題とする計画です。具体的な目標を達成するために何をするのかということです。目標に至る道筋の選択とも言えます。経営史で最も有名な学者の1人であるアルフレッド・チャンドラーは、はじめに4社、その後さらに80社の会社を対象として比較研究をした結果、「組織は戦略に従う[5]」という命題を導き出しました。

その後、経営戦略論の父とも呼ばれるイゴール・アンゾフは、「戦略は構造に従う」必要があることを指摘しました。アンゾフは、1950年代から企業も連邦政府も戦略的な推進力を適応させる代わりに、まず能力の適応を試みたので、チャンドラーの順序は逆転しはじめたと述べています[6]。

最初のチャンドラーの命題は、戦略を実現するためには、それに必要な組織を用意しなければならないことを意味します。それに対して、アンゾフの主張は、戦略転換が望ましくとも、とりあえずは今ある組織構造に戦略を合わせる以外に方法はないことになります。たとえば、新しい戦略の遂行に必要な生産設備をすぐ整えることは困難なので、とりあえず現在の設備に応じた戦略を遂行しなければならないということです。

1950年代に最初に戦略計画が登場した時、それが、かっこよくて魅力的な言葉であったため、長期計画は戦略計画に言い換えられました。戦略計画は、一定期間に達成する目標を掲げる期間計画ではありません。期間計画は会社によって異なりますが、5年程度の「長期計画」、2・3年を視野に入れた「中期計画」、1年程度の「短期計画」で構成されるのが一般的です。戦略計画は、どんな会社にするのかとか、どんな製品づくりをするのかといった計画なので、戦略には期間の概念は入っていないのが基本です。経営環境が変化するとすぐさま変わることがありますが、経営環境が変わらなければ、いつまでも同じ戦略が継続されます。

戦略計画に対して、戦術計画《タクティカルプラン》があります。この計画は「どうやって：How」を問題とする計画です。

戦略計画にはいくつかのレベルがあります。一番上は、企業戦略と呼ばれているものです。どんな企業にするかが、これによって決まります。一見すると、企業戦略は、ミッションと同じように思われるかもしれませんが、会社によっては食品、化粧品、薬品、宝石、時計などさまざまな分野で営業していることも珍しくありません。食品と宝石部門の戦略は異ならざるを得ません。その戦略をまとめる心がミッションです。

一般に大規模な会社、特に事業部制組織を採用している会社では、企業戦略の下に事業戦略があります。会社が行っている事業ごとの戦略をここで策定します。たとえば、日本郵便の事業戦略は、「お客様のニーズに対応したサービスの提供、サービスを支える基盤づくり、経営体質の強化、新規成長分野への進出、経営の信頼性・透明性の確保」[7]としています。なお、事業が多岐にわたらない場合は、企業戦略は事業戦略と同義になります。

最後の下位戦略として、職能あるいは機能戦略があります。これは、生産戦略、マーケティング戦略、販売戦略、財務戦略、人的資源戦略などです。

経営戦略を策定するうえで参考になる代表的な理論をいくつか、ここで紹介しておきます。

最初は、マイケル・ポーターの競争戦略論です。競争戦略には、①コストのリーダーシップ戦略、②差別化戦略、③集中戦略があるというものです[8]。コストのリーダーシップ戦略は、「同業者よりも低コストを実現する」ことがテーマです。差別化戦略は、自社の製品やサービスに関して、業界の中でも特異だと顧客からみられる何かを創造しようとする戦略です。集中戦略は、業界全部を標的にするのではなく、特定の買い手グループとか、製品の種類とか、特定の地域市場とかに企業の資源を集中する戦略です。

2つ目は、ピボット戦略です。この戦略は、デジタル・ファーストという姿勢をとって、顧客のニーズに最も適した戦略を採用するものです。賢明なピボット（方向転換）とは、中核資産を中心に、継続的に事業の方向を転換し、1つのステージから次のステージへと移行していき、市場環境の変化と創造的破壊力のある技術の登場に即座に対応するのです[9]。すなわち、この戦略は、環境変化に応じて次々とピボットすることによって定期的に訪れる創造的破壊の波を乗り越えるために絶えず変化することを目的としています。

3つ目は、コア・コンピタンスの戦略です。コア・コンピタンスとは、個々のスキルや組織という枠を超えた学習の積み重ねから成り立っており、他社にはない価値を顧客にもたらす中核となる企業力です。この企業力を経営戦略の中心に据えるのが、コア・コンピタンスの戦略です[10]。たとえば、キヤノンは、「多くの強い顧客基盤をもつこと、キヤノングループのメーカー販社であること、ITの技術力を備えていること」としています。

4番目は、ブルー・オーシャン戦略です[11]。市場には、「赤い海」と「青い海」があり、レッド・オーシャンは、今日の産業すべてを表し、ブルー・オーシャンは、今はまだ生まれていない市場、未知の市場空間すべてを指します。レッド・オーシャンでは、製品のコモディティ化（日用品化：どの製品も違いがなくなること）が進み、競争が激しさを極めるため、赤い血潮に染まっていきます。

対照的に、ブルー・オーシャンは、これまでの産業の枠組みを超えて、その外に新しく創造されるものもありますが、大多数はレッド・オーシャンの延長として、つまり、既存の産業を拡張することによって生み出されます。あらゆる組織は、非顧客層の海をみつけることでブルー・オーシャンへ移行《シフト》できると指摘されています。[12] 例として、コンビニ型駐車場のパーク24などがあげられます。

5つ目は、一時的優位性の理論です。これは、競争優位は長期間持続しないという前提で構成されています。確かに航空機の製造、鉱山の運営、食品をはじめとする生活必需品の販売などのような持続する優位性の例はあります。しかし、音楽、ハイテク、旅行、通信、家電、自動車、教育など多くの事業セクターでは優位性がまたたく間に模倣され、技術革新が起き、顧客がほかの選択肢を探し、場面転換が起きるという状況に直面しています。そうした状況で生き残るためには、戦略の最終目標を、持続する競争優位の構築から一時的な競争優位の活用に移すことになります。[13] いままでの事業から撤退することで、イノベーション、成長、活用をもたらすというのです。

フィンランドのノキアは、紙パイプから始まり、ケーブル、自動車用タイヤ、ゴム長靴、テレビ、パソコン、携帯という多様な産業を150年にわたって展開し、現在はグローバル無線通信インフラの会社になっています。[14] 新しい事業に参入するためにはどうしたらよいか。その答えの一つは、コンサルティング会社、アウトソーシング企業、人材派遣会社などを活用することです。

この戦略とピボット戦略の基本的考えは同じですが、違いは、ピボット戦略が過去・現在・未来のすべてに対して戦略を用意する点です。

6つ目は、戦略パレットと呼ばれ、事業環境によって①ポジショニング戦略を重視する伝統型《クラシカル》戦略、②継続的な実験をもとに行う適応型《アダプティブ》戦略、③新市場創造を目指すビジョン《ビジョナリー》牽引型戦略、④ステークホルダーとの協業を行う協創型《シェーピング》戦略、⑤存続可能性を高める再生型《リニューアル》戦略のいずれかを選ぶべきだとする理論です[15]。このうち、環境変化に対応して実験を重ねることで成功の可能性を高める適応型戦略という考え方は、傾聴に値します。

7つ目は、リアル・オプション・アプローチです。これは、小さな不可逆的投資を多く行い、不確実性が解消するまで待つ戦略です。オプションは、物事がどのように展開したかをみた後で意思決定を行う機会です[16]。オプションをたくさん活用して成功しそうなものに集中していく戦略です。したがって、起業する際には、大きく投資するのではなく、不可逆的投資を少しするほうがよいことをこの理論は示しています。その際、「投資しすぎて引くに引けない症候群」にならないよう、だめだと思ったら早めにやめるべきでしょう[17]。そして、成功と失敗の比率は一定であることを示す確かな証拠があるので、もっと成功したいのであれば、もっと失敗するのを受け入れなければいけません[18]。

最近の会社はみな「戦略症候群に陥っている」という指摘もあります。すなわち、前述のようにどの会社も合理性を追求すると同じ戦略を採用するのです。それでも会社存続には他社と同じ戦略をとることが正しいかもしれません。しかし、他社との競争に打ち勝つためには、真似できない何かをもつ必要があります。それは、技術やノウハウばかりでなく、会社のＤＮＡでも企業文化でもよいと考えられます。また、戦略の理論は、大きく分けて10の戦略形成の学派《スクール》があるとして、１つの理論に頼ることは危険であることを示した「戦略サファリ」も注目に値します(19)。

戦略には一貫性が必要です。高級品を扱う店なのか安価品の店なのかなど、製品やサービスに関してはブレることなく、一貫性をもつことが大切です。ハイブリッドという一貫性もありますが、成功は保証できません。

戦略の決定には、現状を分析する下位活動が必要です。最も有名な分析方法は、ＳＷＯＴ《スウォット》分析と呼ばれます。ＳＷＯＴ分析は、会社のStrength（強み）、Weakness（弱み）、Opportunity（機会）、Threat（脅威）を分析して、戦略策定の基礎固めを行います。すなわち、「わが社の主たる強みと弱みとはなんであるか？　それらは何に起因しているのか？」、「われわれの製品にとっての市場には何が起こりつつあるのか？　それはますます拡大しつつあるのか縮小しつつあるのか？　そして、なぜか？」、「市場機会と際立った能力との結合がはかられたとしても、どのような最良の結合が、われわれの会社をして手ごろな危険負担の範囲内で効果的に活動せしめることができるのか？」という質問に答えることを戦略策定作業として行わなければならないということです(20)。

こうした計画以外に、総合計画と個別計画を立てている組織もあります。特に、地方自治体法では、総合計画という自治体の基本計画を策定することになっています。個別計画として、プロジェクトがあります。これは、一定期間のうちに特定の目標を達成しようとするもので、これを実行するチームはプロジェクトチームと言い、下位のチームはタスクフォースあるいは特別作業班と呼ばれます。

【註】

（1）W. Edward Deming, *Quality, Productivity, and Competitive Position*, The Massachusetts Institute of Technology, 1982, pp. 230-231.

（2）Frederic W. Taylor, *Scientific Management*, Harper & Row, 1911, pp. 98-99.（上野陽一訳／編『科学的管理法』産業能率出版部、1957年、120－121頁）。

（3）http://www.shiseido.co.jp

（4）米山稔『ヨネックス米山稔：負けてたまるか』日本経済新聞社、2006年、145頁。

（5）Alfred D. Chandler, Jr., *Strategy and Structure: Chapters in the History of the Industrial Enterprise*, The MIT Press, 1962, p. 14.（三菱経済研究所訳『経営戦略と組織：米国企業の事業部制成立史』実業之日本社、1967年、30頁）。

（6）H. Igor Ansoff, *Strategic Management*, The Macmillan Press Limited, 1978, p. 91.（中村元一訳『経営戦略論』産業能率大学出版部、1980年、109－110頁）。

（7）http://www.post.japanpost.jp

（8）Michael E. Porter, *Competitive Strategy: Techniques for Analyzing Industries and Competitors*, The Free Press, 1982, pp. 35-40.（土岐坤・中辻萬治・服部照夫訳『競争の戦略』ダイヤモンド社、1995年、56－61頁）。

(9) Omar Abbosh, Paul Nunes, and Larry Downes, *Pivot to the Future: Discovering Values and Creating Growth in a Disrupted World*, Accenture Global Solutions Limited, 2019, pp. 2-3.（牧岡宏監訳、小林啓倫訳『ピボット・ストラテジー：未来をつくる経営軸の定め方、動かし方』東洋経済新報社、２０１９年、４頁）。

(10) Gary Hamel and C.K. Prahalad, *Competing for the Future: Breakthrough Strategies for Seizing Control of Your Industry and Creating the Markets of Tomorrow*, Harvard Business School Press, 1994, pp. 184-258.（一条和生訳『コア・コンピタンス経営：大競争時代を勝ち抜く戦略』日本経済新聞社、１９９５年、２３５－３２７頁）。

(11) W. Chan Kim and Renée Mauborgne, *Blue Ocean Strategy: How to Create Uncontested Market Space and Make the Competition Irrelevant*, Harvard Business School Publishing Corporation, 2005, pp. 4-18.（有賀裕子訳『ブルー・オーシャン戦略』ランダムハウス講談社、２００５年、20－38頁）。

(12) W. Chan Kim and Renée Mauborgne, *Blue Ocean Shift: Beyond Competing-Proven Steps to Inspire Confidence and Seize New Growth*, Hachette Books, 2017.（有賀裕子訳『ブルー・オーシャン・シフト』ダイヤモンド社、２０１８年）。

(13) Rita Gunther McGrath, *The End of Competitive Advantage: How to Keep Your Strategy Moving as Fast as Your Business*, Harvard Business School Press, 2013, p. xvi.（鬼澤忍訳『競争優位の終焉：市場の変化に合わせて、戦略を動かし続ける』日本経済新聞出版社、２０１４年、ix頁）。

(14) Risto Siilasmaa with Catherine Fredman, *Transforming NOKIA: The Power of Optimism to Lead Through Colossal Change*, McGraw-Hill, 2019, pp. 235-236.（渡部典子訳『ＮＯＫＩＡ復活の軌跡』早川書房、２０１９年、３３６－３７７頁）。

(15) Martin Reeves, Knut Haanaes, Janmejaya Sinha, *Your Strategy Needs a Strategy: How to Choose and Execute the Right Approach*, Harvard Business Review Press, 2015, pp. 6-22.（御立尚資・木村亮示監訳、須川綾子訳『戦略にこそ戦略が必要だ：正しいアプローチを選び、実行する』日本経済新聞出版社、２０１６年、23－

41頁）。

(16) Martha Amram and Nalin Kulatilaka, *Real Options: Managing Investment in an Uncertain World*, Harvard Business School Press, 1999, pp. 6-25.（石原雅行・中村康治・吉田二郎・脇保修司訳『リアル・オプション：経営戦略の新しいアプローチ』東洋経済新報社、２００１年、６－31頁）。

(17) Tina Seelig, *What I Wish I Knew When I was 20: A Crash Course on Making Your Place in the World*, Harper One, 2009, pp. 78-79.（高遠裕子訳『20歳の時に知っておきたかったこと：スタンフォード大学集中講義』阪急コミュニケーションズ、２０１０年、96頁）。

(18) *Ibid.*, p. 10.（同前訳書、１１０頁）。

(19) Henry Mintzberg, Bruce Ahlstrand, and Joseph Lampel, *Strategy Safari: A Guide Tour through the Wilds of Strategic Management*, The Free Press, 1998, pp. 3-4.（斎藤嘉則監訳『戦略サファリ：戦略マネジメント・ガイドブック』東洋経済新報社、１９９９年、４頁）。

(20) Kenneth R. Andrews, *The Concept of Corporate Strategy*, Dow Jones-Irwin, Inc., Third Edition, 1987, p. 51.（山田一郎訳『経営戦略論』産業能率短期大学出版部、１９７６年、１４１頁）。

第6章 経営組織

1 組織の概念

計画ができたら、それを遂行するための組織づくりをしなければなりません。経営学は、組織を対象とする学問です。組織は、1人ではできないことを成就するためにつくられます。また、組織は仲良しクラブではないので、一貫した指揮・命令系統をもつ必要があります。友達同士でつくる会社でも、リーダーは決めなければなりません。そうでないと、組織は方向性を失い、ばらばらになって混沌《カオス》とした状態になってしまいます。組織を1つにまとめるには、公式に認められた権力である権限委譲の体系を整える必要があります。権力は、パワー、権限はオーソリティと言います。

組織には、公式組織と呼ばれるものと非公式組織と呼ばれるものがあります。公式組織について最も有名な最初の研究は、チェスター・バーナードによって行われました。バーナードは、アメリカ電信電話会社に勤務した約40年の経験から『経営者の役割』を著しました。同書の中でバーナードは、公式組織を「二人以上の人々の意識的に調整された活動や諸力の一体系[1]」と定義し、これが今日でも最も有名な定義の1つとなっています。

バーナードの研究と同時期の1924年からフリッツ・レスリスバーガーらによって行われたホーソン実験は、「最下級の従業員たちにもいっそう深く人間的配慮を払えば、生産上得るところ大なるものがある[2]」とした報告書にみられるように、生産性に最も影響を及ぼすものは、労働条件などではなく、人間関係であることを発見しました。

その発見は、人間は、科学的管理法の主張する賃金を中心とした外的誘因《インセンティブ》だけで動機づけられるのではないことを明らかにしました。このホーソン実験の結果は、従業員の管理においては人間関係が大事であるとする「人間関係論」として展開しました。人間関係に影響を及ぼす非公式組織が重要視されるようになったのです。こうしたバーナードとホーソン研究の結果、公式組織のほかに組織図には書かれていない非公式組織《インフォーマル》は、その後の経営学において大切な研究対象となりました。

2　管理原則

ここでは、マクス・ウェーバーとアンリ・ファヨールの見解を紹介します。

ウェーバーは、組織理論の最初の体系的論述を行い、支配の三類型を明らかにしたことで有名です。正当的支配の三類型とは、一子伝承のように、子どもなど血がつながっているものが次のトップになることが決まっている伝統的支配、突然リーダーとして出現し、原始キリスト教の用語で「恩寵の賜物」を示すカリスマ的支配、形式的に正しい手続きで定められた秩序と命令権をもつ合法的支配を言います[3]。

ウェーバーは、伝統的、カリスマ的、合法的支配のうち、最も合理的な支配は、合法的支配であるとし、合法的支配のうち最も純粋な類型を「官僚制支配」と命名しました。

合法的支配の要件は、以下のようになっています[4]。

① 継続的な規則に拘束された経営
② 経営は権限の範囲内で行われる
③ 階層性の原理
④ 手続きの準拠は「規則」
⑤ 地位の占有がまったく存在しない
⑥ 経営財産と私的財産の完全な分離
⑦ 文書主義の原則
⑧ 合法的な支配はきわめてさまざまな形態をとりうる

これらの要件をみてわかるように、その多くは現代でも用いられていて、官僚制は、大きな組織を管理するうえで参考になる基本的な原則となりました。

同様に、企業で用いられている伝統的な組織原則を記述した最初の1人は、ファヨールです。ファヨールは、次の14の管理原則を提唱しました[5]。

① 分業（同一の努力でより多くの、よりよいものを生み出すようになることをその目的とする）
② 権限—責任（ある権限が行使されるところではどこでも、ある責任が発生する）
③ 規律（服従・精励・活動・尊敬の外的兆候を目的とする約定の尊重）
④ 命令の一元性（何らかの活動について、一担当者はただ1人の責任者からしか命令を受け取ってはならない）
⑤ 指揮の一元性（同一の目的を目指す諸活動の全体について唯一の責任者と唯一の計画が存在する）
⑥ 個人的利益の全体的利益への従属（企業において一担当者あるいは担当者の一集団の利益が企業の利益に優先してはならない）
⑦ 従業員の報酬（公正なものでなければならず、可能な限り従業員と企業、使用者と従業員に同時に満足を与えるものでなければならない）
⑧ 権限の集中（動物のあるいは社会的なすべての組織体において、感覚が頭脳あるいは指導部に集中し、組織体のあらゆる部分を動かす命令が頭脳あるいは指導部から発せ

られる）

⑨ 階層組織（上位権限者から下位の担当者に至る責任者の系列）

⑩ 秩序（適所適材ならびに適材適所という物的秩序の公式）

⑪ 公正（好意と正義の結びつきからもたらされるもので、従業員がその職務の遂行において、進んで事に当たろうとする熱意と可能な限りの献身をもたらすように奨励されるためには、従業員が好意をもって取り扱われることが必要である）

⑫ 従業員の安定（大規模な企業の人間と事物について知るようになり、活動計画を決定することができ、自信をもち、他人に信頼されるようになるには、多くの時間が必要である）

⑬ 創意（計画を立案し、その計画を確実なものにすることで、知的な人間が経験し得る最高のすばらしい満足の1つ）

⑭ 従業員の団結（企業の従業員の間の調和・団結は、企業にとって大きな力である）

ファヨールが提唱した分業や階層組織、命令の一元性、指揮の一元性などは、今日でも多くの企業や組織で用いられています。また、14の原則を精緻化した原則も提案されてきました。経営者は日常的な問題ではなく、例外的な問題についての意思決定を行うべきとした「例外の原則」、1人の管理者が統制できる部下の数には限界があるとする

「統制範囲の原則《スパンオブコントロール》」などです。

リンドール・アーウィックらは、統制範囲の原則に関して、ファヨールは部下の数を5人か6人以下としていますが、他の研究はもっと多くなっていて、その理由は、観察された管理者の能力や仕事習慣と、包摂される仕事が比較できないという特徴のせいであると指摘しています。[6] 自立管理型チームなどの新しい組織形態の出現によって、1人の管理者が60人から80人まで責任を負うようになっているとする報告もあります。[7]

これらの原則は、元のまま使われるとは限りません。たとえば、分業の原則では、分業が進みすぎると逆機能を起こしてしまうことがわかっていて、反分業が行われるリエンジニアリングと呼ばれる手法が使われている場合もあります。[8]

権限と責任の原則については、高い業績を実現している組織では、責任のほうが高く設定されています。責任範囲のほうが広いと、社員は想像力を発揮し、必要な経営資源が与えられなくても成功する方法を一生懸命探しださなければならず、起業家的に行動せざるを得なくなるからです。[9]

3　組織の基本形態

基本的な組織構造には以下のようなものがあります。

図表6－1　ライン組織

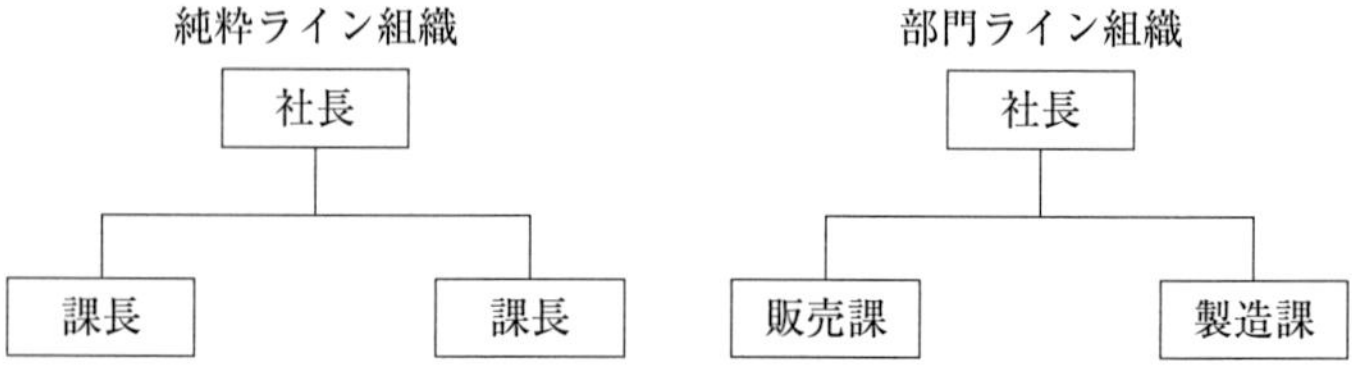

①　ライン組織

ライン組織は、トップから平社員にいたるまで単一の命令系統によって結ばれていて、会社の基本的な事業の中軸だけで構成される組織形態です。具体的には、社長から生産部門の従業員や販売員に直接命令が届く組織です。この組織の責任と権限の関係は明確になりますが、専門化の効力を発揮しにくい、横のコミュニケーションが取りにくい、上司の負担が大きくなるなどの短所を併せもちます。

図表6－1に示されるように、ライン組織には職能分化はなく、軍隊組織とも呼ばれる純粋ライン組織と生産と販売などの職能の水平分化がある部門ライン組織があります[10]。

②　ライン・アンド・スタッフ組織

ライン・アンド・スタッフ組織は、基幹的業務を実行するライン組織に、その管理職能を専門的機能で支援するスタッフ組織を付け加えた組織形態です[11]。図表6－2に示されるように、ライン組織に付け加えられたスタッフ組織には、人的資源、総務、財務、研究開発などの部門があります。

図表6－2　ライン・アンド・スタッフ組織

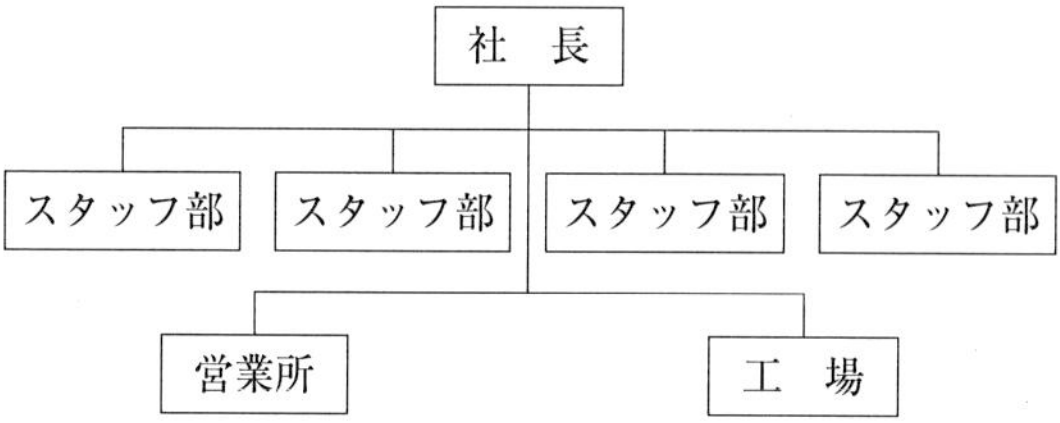

図表6－3　職能部門別組織

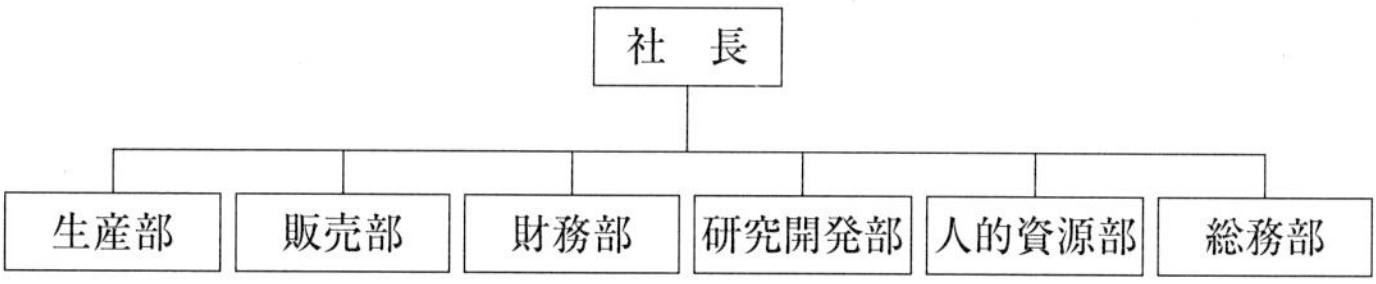

この構造は、ライン組織の命令系統一元化の利点と専門化の利点が得られますが、ラインとスタッフ間の対立やスタッフの増大が間接費の増大をもたらすなどの短所もあります。

③　職能部門別組織

職能部門別組織は、機能別組織とも呼ばれ、テーラーが提案した組織を基礎にしたもので、わが国の企業において一般的にみられます。図表6－3に示されるように、この組織では、通常、社長の下に同列に生産部、販売部、財務部、研究開発部、人的資源部、総務部といった職能部門が横一列に配属されています。部門間の権力差が他の組織形態よりも小さく、各部門間の参加を促進しやすい反面、すべての部門の合意を得る必要が生じることが多いので、意思決定に時間がかかる傾向があります。

図表6－4　事業部制組織

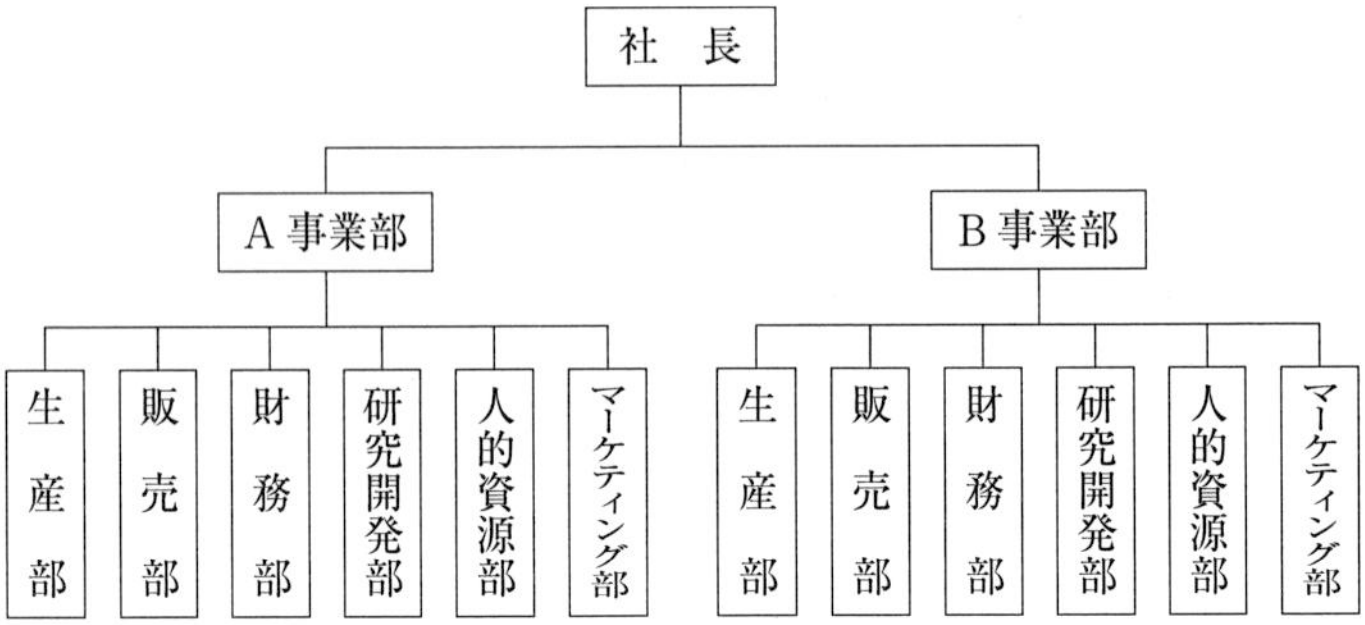

④　事業部制組織

事業部制組織は、図表6－4に示されるように、製品別、地域別、顧客別などの基準で事業部を設置し、この事業部の下にそれぞれ生産、販売、マーケティングなどの職能部門別組織を形成し、これらを本社が統制する組織形態です。

２００８年にトヨタに抜かれるまで販売台数世界一を誇ったＧＭ（ゼネラルモーターズ社）は、１９２０年代の終わりごろ、販売不振と財政面での問題を抱えていました。そこで、徹底的な分権の状態から抜け出すために、「各事業部を利益責任単位とすることによって、それら個々の事業部の全体に対する貢献の度合いを、本社が測定できるようにした」分権的組織を構築しました。[12] すなわち、ビュイック、キャデラック、シボレー、オークランド、オールズモビル及びゼネラル・モーターズ・トラックという6つの自動車事業部門を設けました。そうすることで、経営資源の合理的活用を達成し、さらなる成長を達成できたのです。

図表６－５　マトリクス組織

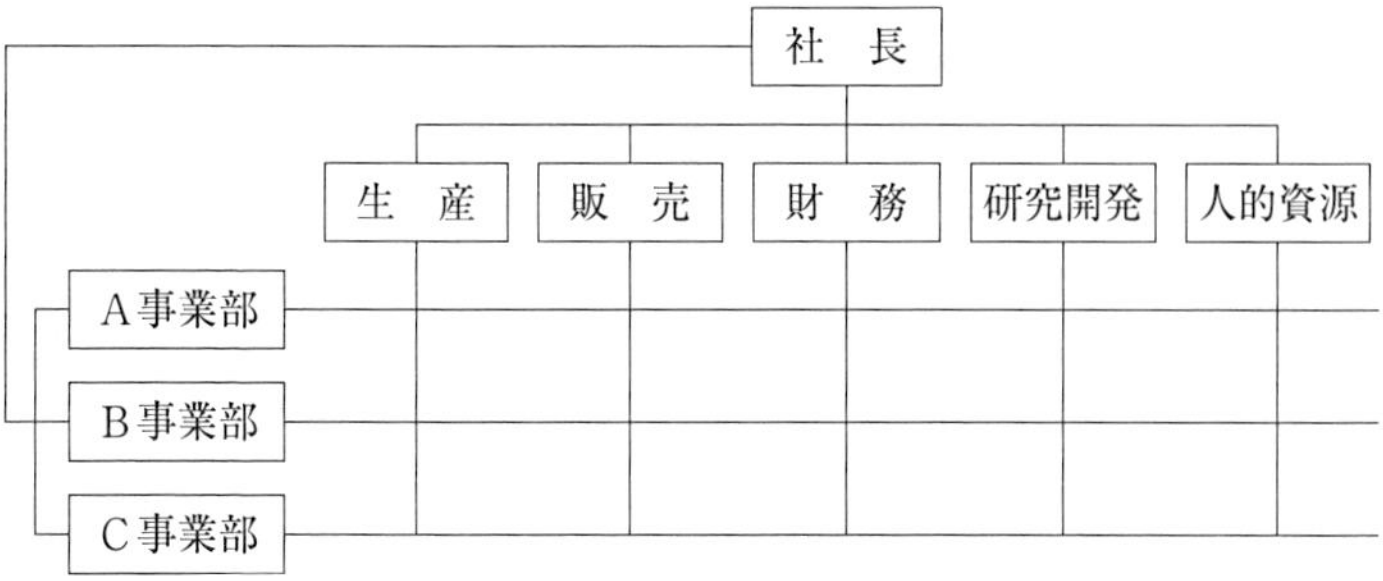

アルフレッド・チャンドラーによれば、GMは１９２５年までには、新しい分権的な組織の構造と技法を創造したのですが、それはその後、ほかのアメリカ企業が多く模倣するところとなりました[13]。

こうして事業部制をとることにより、本社機構はグループ全体のミッションや戦略的な意思決定に専念でき、利益責任が明確になるなどのメリットがあります。しかし、部局割拠主義《セクショナリズム》が発生しやすいなどのデメリットがあります。

⑤　マトリクス組織

マトリクス組織は、事業部制組織のデメリットを補完しつつ、そのメリットを生かそうとする組織です。アメリカの航空宇宙産業において、政府や産業の多くの小さい組織が「合体」し、一連の軍事上及び宇宙上の開発複合体を形成したときにマトリクス組織はできました[14]。マトリクス組織は、図表６－５に示されるように、事業部制組織と職能部門制組織が行列《マトリクス》になっている組織で、事業別ごとに張りついていた職能部門別組織が1つにまとめられています。これによって組織横断的に経営資源を配分できるというメリットがある反面、事業部と各職能部から命令が下されるため、命令の一元性が失われ、機動力が低下するおそれがあります。

近年では、グローバル化に対応するために、図表6－6や図表6－7に示されるように、三次元マトリクス組織が登場していて、二次元のマトリクスの後ろに地域ごとのマトリクスが設けられるようになりました。日産ディーゼル、IBM、村田製作所などがこの組織を採用しています。

⑥　逆さまのピラミッド

カール・アルブレヒトは、製造業型経営のパラダイム（支配的な考え方）からサービス・マネジメントのパラダイムへの移行のためには、図表6－8に示されるように、伝統的なピラミッド型組織構造から「逆さまのピラミッド」に変更する必要を提唱しています[15]。伝統的な組織では、従業員が下方向に位置していますが、それは、企業活動への参加者として、ほとんど影響力がないことを示しています。また、それまで図の中には顧客の姿がありませんでした。ヤマト運輸やパーク・コーポレーションなどがこの組織を採用しています。

図表6－6　グローバル・マトリクス組織

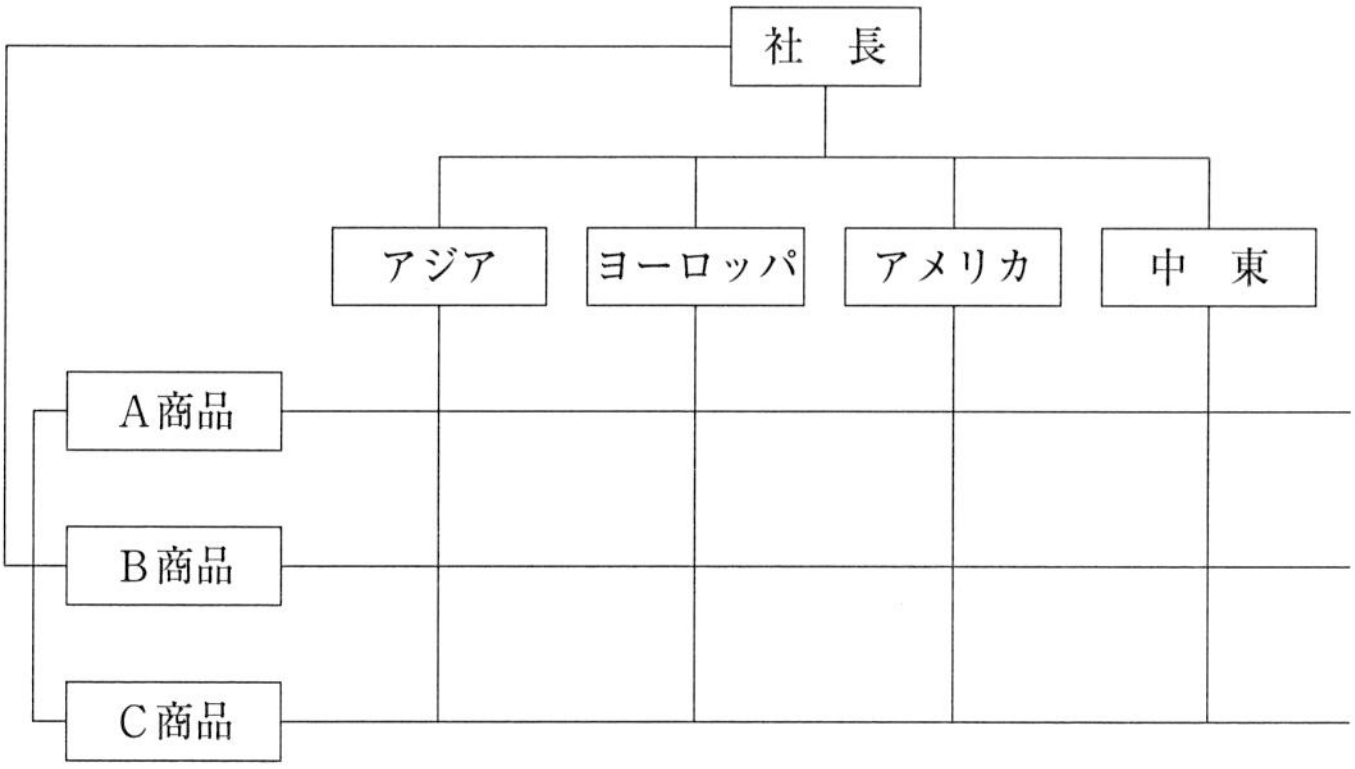

図表6－7　3次元マトリクス組織

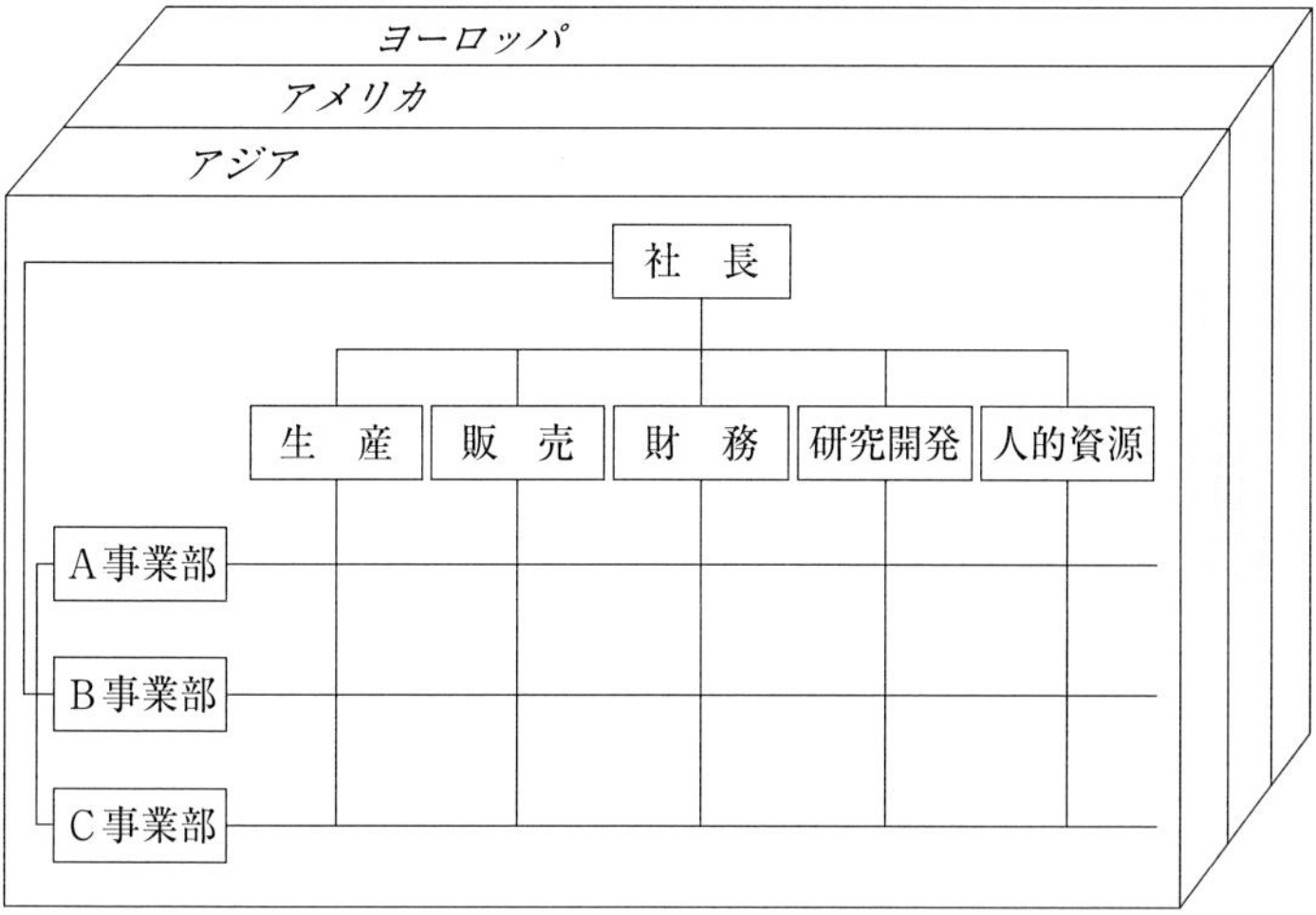

図表6－8　逆さまの権威のピラミッド

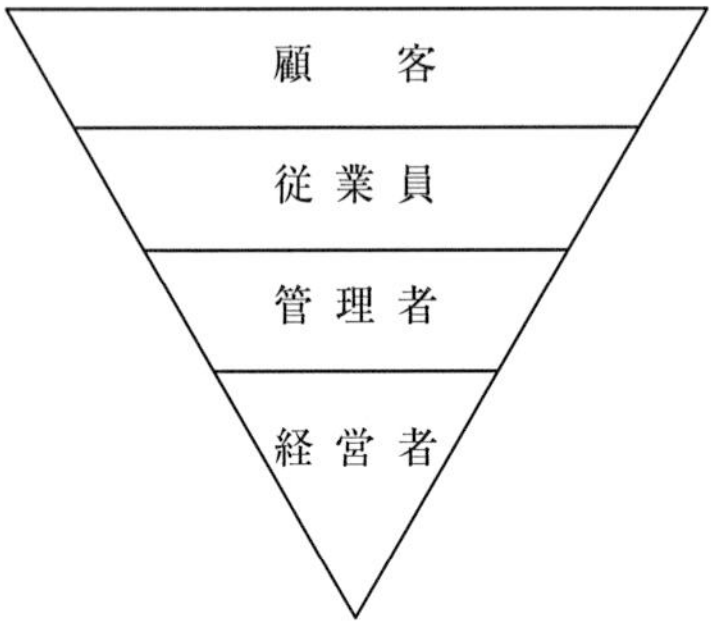

出所：Karl Albrecht, *At America's Service: How Corporations Can Revolutionize the Way They Treat Their Customers*, Dow Jones-Irwin, 1988, p. 166.（鳥居直隆監訳『逆さまのピラミッド』日本能率協会，1990年，107頁）。

⑦　その他の組織形態

その他の代表的な組織形態として、事業は行わず、子会社や関連の株式を所有するだけの純粋持ち株会社、事業を行いながら子会社や関連会社の株を所有してグループを形成する事業持ち株会社、ソニーが1994年に最初に使用した、事業部に多大の権限を委譲してその事業部を1つの会社のように扱うカンパニー制度があります。

また、社内からリーダーが選ばれ、「小集団独立採算制により全員参加経営を行い、全従業員の力を結集していく経営管理システム[16]」である京セラのアメーバ組織、組織における上方向への影響の重要性を考慮した連結ピン組織[17]（図表6－9）、会社がネットワークの中心《ハブ》として、生産、販売、配給、など別々の専門会社を調整しながら経営するバーチャルネットワーク組織（図表6－10）、12人以下の自主経営チームから構成され、横一線

図表6－9　連結ピン組織

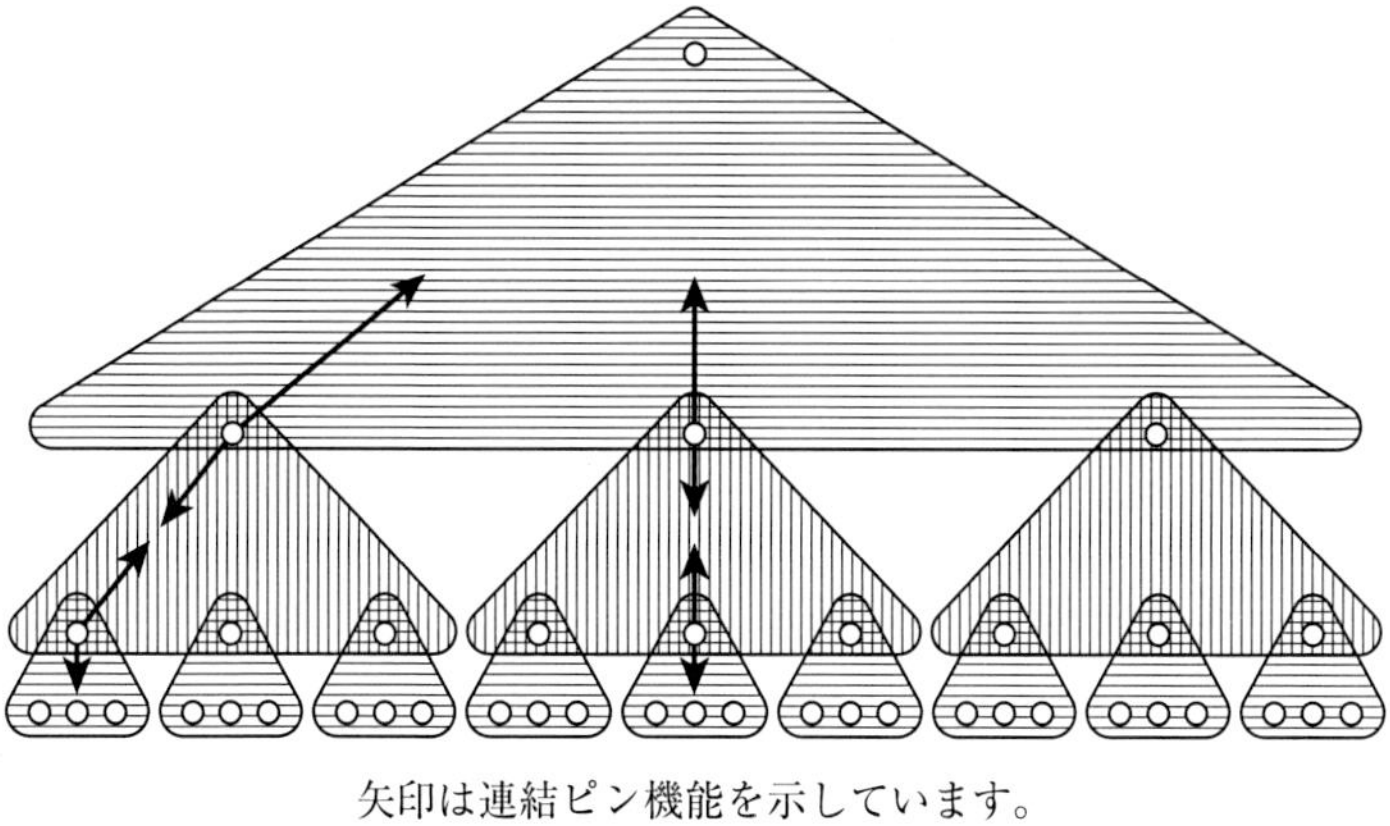

出所：Rensis Likert, *New Patterns of Management*, McGraw-Hill Kogakusha, Ltd., 1961, p. 113.

図表6－10　バーチャルネットワーク組織

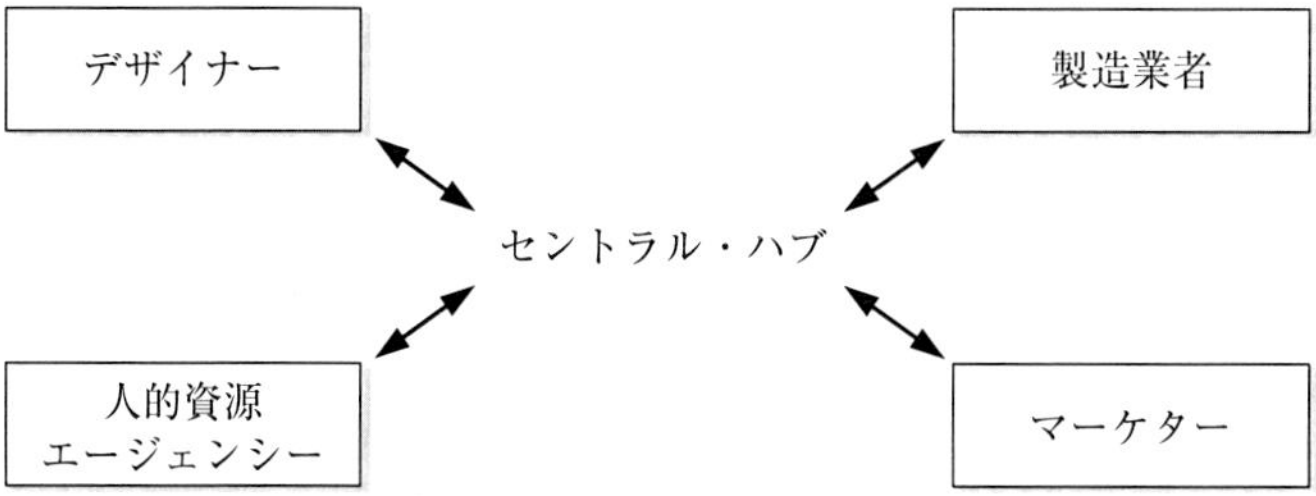

出所：Richard L. Daft, with the assistance of Patricia G. Lane, *Management*, 10th ed., South-Western, 2012, p. 271.

に並ぶパラレル構造、個別契約の網構造《ウェブ》、チームが重なり合う入れ子構造という3タイプの進化型組織《ティール》(18)など柔軟なさまざまな形態のものがあります。

組織の類型を5つのパーツから成り立つ「相対的配置《コンフィギュレーション》」と考える見解もあります。5つのパーツとは、経営執行者、ライン・マネジャー、現場の人たち、サポート・スタッフ、職能スタッフであるテクノストラクチャーです。この5つの基本要素から、単純構造、機械的官僚制、専門的官僚制、事業部形態、アドホクラシー（アルビン・トフラーの用語でプロジェクト組織のように選択的に分権化された組織）という5つの相対的配置ができます(19)。

4　組織の選択

これまでみてきたように、組織にはさまざまな形があります。そのうちのどれが戦略遂行上適しているかは、一概には言えません。現在わかっていることは、残念ながら、「唯一最善の答え《ワンベストウェイ》」がないということです。

組織構造の決定に関しては、チャンドラーが歴史的に導き出した命題の通り、戦略に従って選択しなければなりません。理論的には、組織が有効に機能するために、不確実性、技術、企業規模などの環境状況に対して反応的に組織の構造形態が決定されるという環境決定論である状況適応理論《コンティンジェンシー》、環境に影響されずに経営者が希望する組織形態を戦略的に選択する戦略的選択論などがあります。

ポール・ローレンスとジェイ・ローシュは、1963年から環境が組織の業績に与える影響を調べて、組織形態と環境とに関連があることを発見しました。彼らは、環境が多様であれば、それだけ組織の分化は高度になり、それだけ精巧な統合手段が必要になるというコンティンジェンシー理論を提案した代表的な研究者です。[20] また、ローレンスらは、組織は環境の要求条件だけでなく、その構成員の欲求にも適合しなければならないことを見出しました。

コンティンジェンシー理論は、フレッド・フィードラーが、リーダーのとる戦略の有効性が部下や課題などのリーダーを取り巻く環境によって変化するという結果から提案したものです。[21] この、リーダーの有効性は状況によって異なるとするコンティンジェンシー理論が組織の選択にも当てはまることを、ローレンスたちは示しました。

近年の傾向は、機械的よりも有機的でピラミッド型よりもフラットで、臨機応変《アドホクラシー》な組織が用いられるようになっています。それは、スピードの経営が望まれ、できるだけ現場に権限を委譲することが必要になったためです。現場に権限を委譲することをエンパワーメント（自分で決定する権限）と言います。エンパワーメントは、上司の決定に参加する「経営参加」とは違い、部下が自分で決定を行うことを意味します。できるだけ意思決定を現場に任せることが望まれます。

組織の選択にあたっては、技術進歩や市場の動向ばかりでなく、自社内の経営資源の変化も考慮して絶えず見直すことが望まれます。組織を変えることを、組織変革《オーガニゼーショナル・ディベロップメント》（ＯＤ）と言います。ＯＤには、組織構造を変革するものと仕事のプロセスを変革するものがあります。仕事のプロセスを変革する手法の１つとして、前述の「リエンジニアリング」があります。リエンジニアリングは、顧客満足の視点から仕事のプロセスを「根本的に考え直し、抜本的にそれをデザインし直すこと」[22]です。日本の職場における職務の柔軟性にヒントを得て、分業が進みすぎたアメリカの組織の見直しがここからはじまりました。

また、ＯＤには、診断型と対話型があります。診断型ＯＤは、エキスパートによって組織の現状を診断して改善しようとする手法で、マネジリアル・グリッド[23]（ロバート・ブレイクとジェーン・ムートンによる「人への関心」と「業績への関心」を診断して改善するプログラム）やベンチマーキング（リエンジニアリングで行われる他社の最善の方法を評価、学習する体系的、継続的手法）などが含まれます。

それに対して、対話型ＯＤは、組織の参加者が、自分たちに必要な学習と変革の創出に共通の関心をもち、本音でかかわりあうことを望み、またそのようにできる人々であり、彼らによって自己組織化が成立するという前提で行われます。[24]すなわち、それは、当事者たちの対話による組織の問題解決を志向します。

【註】

（1）Chester I. Barnard, *The Function of Executive*, Harvard University Press, 1938, p. 73.（山本保次郎・田杉競・飯野春樹訳『経営者の役割』ダイヤモンド社、１９５８年、84頁）。

（2）Elton Mayo, *The Human Problems of an Industrial Civilization*, The Macmillan Company, 1960, p. 67.（村本栄一訳『新訳　産業文明における人間問題：ホーソン実験とその展開』日本能率協会、１９６７年、71－72頁）。

（3）Max Weber, *Wirtschaft und Gesellschaft, Grundriss der verstehenden Soziologie, vierte, neu herausgegebene Auflage*, besorgt von Johannes Winckelmann, 1956, erster Teil,Kapitel III, IV, S. 124.（世良晃志郎訳『支配の諸類型』創文社、１９７０年、10頁）。

（4）*Ibid*., S.125-126.（同前訳書、14－16頁）。

（5）Henri Fayol, *Administration Industrielle et Générale: Prévoyance, Organisation, Commandement, Coordination, Contrôle: Bulletin de la Société de l'Industrie Minérale*, Nunod, 1925, pp. 28-57.（佐々木恒男訳『産業ならびに一般の管理』未来社、１９７２年、41－76頁）。

（6）Luther Gulick and L. Urwick, eds., *Papers on the Science of Administration*, Pickering & Chatto, 2004, pp. 15-17.

（7）Dave Ulrich, Jack Zenger, and Norm Smallwood, *Results-Based Leadership*, Harvard Business School Press, 1999, p. 182.（DIAMOND ハーバード・ビジネス・レビュー編集部訳『脱コンピテンシーのリーダーシップ：成果志向で組織を動かす』ダイヤモンド社、２００３年、２４１頁）。

（8）Michael Hammer and James Champy, *Reengineering the Corporation: A Manifesto for Business Revolution*, Harper-Collins Publishers, 2001, p. 72.

（9）Robert Simons, "Designing High-Performance Jobs", in *Harvard Business Review*, July-August 2005, pp. 56-57.（DIAMOND ハーバード・ビジネス・レビュー編集部「業績は「権限と責任」に従う」『コミットメント：熱意とモラールの経営』ダイヤモンド社、２００７年、72－73頁）。

（10）高宮晋編『新版　体系経営学辞典』ダイヤモンド社、１９７０年、４６８頁。
（11）同前書、４６９頁。
（12）Alfred P. Sloan, Jr., *My Years with General Motors*, Doubleday & Company, Inc., 1964, pp. 81-82.（田中融二・狩野貞子・石川博友訳『ＧＭとともに：世界最大企業の経営哲学と成長戦略』ダイヤモンド社、１９６７年、64頁）。
（13）Alfred D. Chandler, Jr., *Giant Enterprise*, ARNO Press, 1980, pp. 112-113, p. 118.（内田忠夫・風間禎三郎訳『競争の戦略：ＧＭとフォード―栄光への足跡』ダイヤモンド社、１９７０年、１８９頁、１９０頁、２０９頁）。
（14）Donald R. Kingdon, *Matrix Organization: Managing Information Technologies*, Tavistock Publications Ltd, 1973, p. 17.（二神恭一・小林俊二訳『マトリクス組織入門』早稲田大学出版部、１９８２年、21頁）。
（15）Karl Albrecht, *At America's Service: How Corporations Can Revolutionize the Way They Treat Their Customers*, Dow Jones-Irwin, 1988, pp. 105-107.（鳥居直隆監訳『逆さまのピラミッド』日本能率協会、１９９０年、１６４－１６６頁）。
（16）稲盛和夫『アメーバ経営：ひとりひとりの社員が主役』日本経済新聞社、２００６年、27頁。
（17）Rensis Likert, *New Patterns of Management*, McGraw-Hill Kogakusha, Ltd, 1961, p. 113.
（18）Frederic Laloux, *Reinventing Organizations: A Guide to Creating Organizations Inspired by the Next Stage of Human Consciousness*, Lightning Source Inc., 2014.（鈴木立哉訳『ティール組織：マネジメントの常識を覆す次世代型組織の出現』英治出版、２０１８年）。
（19）Henry Mintzberg, *The Structuring of Organizations*, Prentice-Hall, Inc., 1979, p. 472.
（20）Paul R. Lawrence and Jay W. Lorsch, *Organization and Environment*, Richard D. Irwin, Inc., 1969, p. 157.（吉田博訳『組織の条件適応理論：コンティンジェンシー・セオリー』産業能率短期大学出版部、１９７７年、１８６－１８７頁）。

(21) Fred E. Fiedler, *A Theory of Leadership Effectiveness*, McGraw Hill, 1967.（山田雄一監訳『新しい管理者像の探求』産業能率大学出版部、１９７０年）。

(22) Hammer and Champy, *op. cit.*, 1993, p. 32.（前掲訳書、57頁）。

(23) J. S. Mouton and R. R. Blake, *The New Managerial Grid*, Gulf Pub. Co., Book Division, 1978.（田中敏夫・小見山澄子訳『新・期待される管理者像』産業能率大学出版部、１９７９年）。

(24) Edgar H. Schein, "Dialogic Organization Development: Past, Present, and Future", in Gervase R. Bushe and Robert J. Marshak, eds., *Dialogic Organization Development: The Theory and Practice of Transformational Change*, Berrett-Koehler Publishers, 2015, p. x.（中村和彦訳『対話型組織開発：その理論的系譜と実践』英治出版、２０１８年、23頁）。

第7章　人的資源管理

1　人的資源管理とは何か

人事管理は、米国において１９７０年代から人的資源管理《ヒューマン・リソース・マネジメント》（ＨＲＭ）に代わりました。その特徴は、以下の通りです。

①　人事管理では、人をコストと考えているが、ＨＲＭは人を投資しても元が取れる資源と考える。

②　人事管理では労働の合理化と人件費の極小化が目的であったが、ＨＲＭでは人材の最大利用と動機づけなどによる能力発揮を目的とする。

③　人事管理が手続きの重視と一貫した統制を強調するのに対して、ＨＲＭはコミットメント（組織の目標と価値との一体化、組織に属したいという希望、組織のために喜んで努力すること）、熱意（エンゲージメント）、ＱＷＬ（労働生活の質《クオリティ・オブ・ワークライフ》）を追求する。

④　人事管理は、戦略的課題にかかわることはないが、ＨＲＭは、戦略的経営の機能を果

たす。

HRMは、経営戦略とのかかわりの重視から採用され、戦略の維持及び変更に際してどのように人材を活用するべきかという問題を解決するものです。したがって、その中心課題は、人材を育成して環境が要求する知識、技能、感性にフィットさせることです。

労働者の採用から退職に至るまでの一連の管理は「雇用管理」と呼ばれます。その中には、採用管理、人材育成、配置転換、昇進・昇格、人事考課、職務分析、定年制、再雇用制度などが含まれます。本章では、そのうち重要と考えられるものをかいつまんで解説します。(1)

2 採　用

採用は、どれだけの人数が必要なのか（数）と、どのような能力や知識をもつ人が必要なのか（質）という2つの基準をもとに実施しなければなりません。質的側面については、学歴別採用管理、職種別採用管理、雇用形態別採用管理、中途採用管理などさまざまなものがあります。

HRMの要諦は、よい人材を採用することです。よい人材を獲得するためには、できるだけ多くの応募者を集め、必要な知識、能力及び姿勢の有無を確かめるばかりでなく、健康状態と組織文化に合うかどうか調べ、トップマネジメントばかりでなく、いろいろな部門の人が面接を行うことが必要です。また、その採用結果を検証して次の採用に改善を加えることを忘れてはなりません。

人材の採用には時間やコストがかかるので大変ですが、近年では、募集の宣伝や選考まで外注できるようになっています。

よい人材の定義は、会社によって異なります。たとえば、グーグルでは、能力のある人を採用しようとしています。4回は面接しています。その理由を「わが社が採用にかける費用は平均的な企業の2倍以上になる。事前にうまく社員を選べば、雇った後は手間をかけずにすむ(2)」と述べています。

能力の高い人よりも、やる気のある人を採用する会社もあります。たとえば、ユニ・チャームでは「「その個人の能力を引き出せなかった経営側に責任がある」という考えをもっています。そもそも成長する人とそうでない人の差は、成長を促す良い習慣─「行動習慣」と「思考習慣」を身に付けているかいないかという小さな差から生まれます(3)」と言っています。

3　人材育成

入社後の人材育成は、企業の成長にとって欠かせません。会社の価値は、人的資源の知識の質と量に大きく影響されると言えましょう。イオンは、前身の岡田屋時代に小売業初の企業内大学ＯＭＣ（オカダヤ・マネジメント・カレッジ）をつくり、その後、ジャスコ創業当時に「ジャスコ大学」その後「ジャスコ大学大学院」を設立しました。それは「一握りのスターによる企業経営ではその限界は明らかである。そうならないためには新しい人材の発見・育成が必要となる」[4]として人材育成を会社の基盤としたからでした。

人材育成の方法は、大きく3つに分けられます。第1は、ＯＪＴ（職場内訓練《オン・ザ・ジョブ・トレーニング》）と呼ばれます。ＯＪＴは、フォーマルなものとインフォーマルなものに分けられます。フォーマルなＯＪＴは、①指導員が指名されていること、②訓練成果のチェック項目の設定があることです[5]。それ以外のＯＪＴは、インフォーマルなものです。

次にＯｆｆ-ＪＴ（職場外訓練《オフ・ザ・ジョブ・トレーニング》）があります。これは、業務遂行の過程外の教育訓練であり、ＯＪＴが「仕事をしながら訓練する」のに対して、Ｏｆｆ-ＪＴは、「仕事を離れて訓練する」場合を指します。

Ｏｆｆ-ＪＴには、①新入社員教育や新任課長訓練などの階層別教育訓練、②販売員研修や技術スタッフ研修などの職能別研修、新商品に関する知識習得などの事業別研修及び特許や品質管理に関する研修などの共通専門知識研修を行う部門別教育訓練、③海外要員育成研修や新規事業開発要員研修などの重点戦略教育訓練、そして④マネジリアルグリッド・プログラムや感受性訓練等を用いた組織開発教育などが含まれます。

最後は、自己啓発です。これは、企業による一方的な教育訓練ではなく、自発的な能力開発を意味します。

人材育成という用語が用いられるようになった最大の理由は、教育訓練という企業からの受身的なものから、労働者個々人による自発的な「学習」へと基本的な考え方がシフトしたためです。

企業は、これまでの全社員一律の人材育成から、意欲的な人材や投資効率が高いと思われる人材へと人材育成費の比重を変えてきています。厚生労働省の調査では、わが国の企業が支出する教育訓練費は、１９９１年以来、右肩下がりに減少・横ばいになっています。他国と比べて減少することで競争力低下が心配されます。わが国でＨＲＭが一般的になっていないのは、この点に求められます。人材育成はコストと考える発想から、資源の蓄積や知的資産の増加と考えるように発想の転換をしなければなりません。

近年採用されている人材育成の方法を３つ述べておきます。

第一は、ｅラーニングです。これは、主としてインターネットを使って、簿記などの講座を公開して社員研修を行う教育システムです。

第二は、コーチングです。コーチングは、上司が部下に答えを与えられない状況でも、質問によるコミュニケーション（たとえば、「君はこの状況に対し、どのように対応すればいいと思うか」など）を通して自ら答えをみつけられるようにサポートすることです[6]。コーチングは、部下に答えを与える方法ではなく、原因や問題点を質問によって本人に気づかせ、解決方法を自分で引き出せるようにトレーニングする方法です。

この育成方法の背景として、1990年代にエンパワーメントの理論が普及したことがあげられます。エンパワーメントは意思決定を委ねることなので、従業員は自分で考え、学び、行動できるようにならなければなりません。そして、従業員が自ら決定して行動できるように上司はコーチとして部下を育成します。これがコーチングについての基本的考えです。

コーチングは、かつてGEの元CEOのジャック・ウェルチやGMのジャック・スミスといったトップマネジメントも実際に受けたように[7]、あらゆる階層の人々にとって有益な人材育成方法です。

最後は、スポンサーシップです。これは、先輩が後輩を指導して「恩送り」する関係であるメンタリングとは異なり、長期の徹底した関係です。スポンサーは、部下の才能を見つけ出し、育成し、進歩を精査し、部下を擁護することで部下の昇進を助けます[8]。アメリカ人材革新センター（CTI）の調査では、過去2年間に昇進した女性のうち、スポンサーがいた場合は27%で、いない場合は18%でした[9]。アクサ生命保険は、シニアリーダーがスポンサーとなり、管理職としてのポテンシャルのある女性を育成して管理職登用を支援するスポンサーシッププログラムを設けています。

4　人事考課

人は正しく評価されなければ、働く意欲を失ってしまいます。場合によっては会社をやめる原因にもなります。逆に、正しい評価は、人々を動機づけ、生産性の向上につながります。

人事考課は、人事評価とも呼ばれ、①業績評価、②能力評価、③態度・意欲評価という3つの側面から会社に対する貢献度を分析・評価して、昇給やボーナスなどの賃金、昇進や配置などの異動及び能力開発に反映させる管理活動です。

考課における正直さや公平さは、信頼感とも結びつき、それは従業員の協力を生みだす源となります。クリス・アージリスは、経営者に対する信頼が生産性に関連した結果と結びつくことを理論化しましたが⑩、そうした信頼を築くことは組織が存続するうえで不可欠の要素です。

査定方法をいくつか紹介しておきます。

1つは、コンピテンシーによる人事評価です。コンピテンシーとは行動特性のことです。コンピテンシーによる人事評価は、社内で高い評価を得ている社員のリーダーシップ行使、倫理観などの個人特性、情報収集力や課題の認識力などの仕事達成、部下の育成や対外折衝といった対人関係などの能力を分析して、それを基準に評価項目を設定し、評価を行うものです。

コンピテンシーに関する研究は、1973年にデイビッド・マクレランドが職務上の業績において、だれが成功するか、しないかを決定するうえでは、適性テストよりも行動特性や個々の特徴のほうがずっと効果的だ、ということを示す論文を発表したことに始まります。[11]これが意味することは、技能や技術といったスキルよりも、率先行動や柔軟性などのコンピテンシーのほうが業績と大きく結びつくということです。わが国でも武田薬品などがコンピテンシーに基づく行動規範づくりをしています。

第二は、目標管理制度《マネジメント・バイ・オブジェクティブ》（MBO）です。MBOは、ピーター・ドラッカーによって提案された手法です。ドラッカーは、人は他人から命令されるのではなく、自分で決めた目標には努力を惜しまないことに注目します。MBOでは、従業員が上司のアドバイスを受けながら自律的に決定し、成果も自己評価で行います。自分で決めることが強い動機づけをもたらします。ドラッカーは「目標の設定による経営がもたらした大きな利益は、実に、「支配による経営」を「自己統制による経営」に変換することを可能にしてくれたことである」[12]と述べています。

第三は、360度評価です。これまでは、直属の1人の上司だけが部下の考課を行うのが一般的でした。しかし、コンピテンシーの考え方が広まるにつれて、本人と本人の仕事ぶりをよく知る複数の人たち、具体的には、上司、同僚、部下など、本人を取り巻く上下左右

（360度）の人たちによって企業が定めた複数のコンピテンシーの評価項目に基づき採点する方が望ましいと考えられるようになりました。こうした多面的な評価によって、評価の客観性、公平性、納得性が向上するばかりではなく、評価結果をフィードバックすることにより、自分の長所・短所を正確に知ることができるとともに役割期待が明らかとなり、能力開発に役立たせることが可能になります。企業によっては、この評価に取引先や顧客を含めているところもあります。

AT&T、デュポン、ハネウェル、ボーイング、インテル、UPS、ゼロックス、フェデラルエクスプレスなどがアメリカでの360度評価の最初の採用企業ですが[13]、わが国でもワールドや大和証券、パナソニックグループなどが採用しています。

5　労働時間と賃金

賃金が高くても労働時間が長ければ時間当たりの賃金は低いことになります。したがって、労働時間と賃金は、ひとまとまりで管理されなくてはなりません。

労働時間は、拘束時間から休憩時間を除いた時間です。総実労働時間数は、所定内労働時間数（事業所の就業規則で定められた正規の始業時間と終業時間との間の実労働時間数）と所定外労働時間数（早出、残業、臨時の呼出、休日出勤等の実労働時間数）の合計です。また、手待時間は業務従事に備えて準備する時間であり、これは労働者が自由に利用できない点で休憩時間とは異なり、労働時間に含まれます。

休憩時間は、労働時間が1日6時間を超える場合は少なくとも45分、8時間を超える場合は1時間、労働時間の途中で与えなければなりません。

休日については、週休制の原則により、毎週少なくとも1回は与えてください。ただし、これが困難な場合は、4週間に4日以上の休日を与えればよいことになっています。

年次有給休暇については、6カ月以上継続勤務し、所定労働日の8割以上出勤することが発生要件となります。日数については、6カ月が10日、以後1年ごとに1日ずつ増えていき、最長20日の休暇を与えるよう定められています。パートタイム労働者についても、一定の条件を満たす場合には一般の労働者と同じ日数の有給休暇を与えなくてはなりません。10日以上の有給が付与される従業員には、年5日の有給消化が義務付けられています。また、労使協定により、1年に5日分を限度として、年次有給休暇を1時間単位で取得できる「時間単位年休制度」があります。

所定外労働をさせるためには、労働基準法第36条に基づき、使用者は労働者代表と書面による協定（36協定）を締結し、これを所轄労働基準監督署長に届け出なければなりません。その際には時間外労働には25％以上、休日労働には35％以上、深夜労働（午後10時から午前5時まで）には25％以上の割増賃金を支払わなければなりません。時間外労働については、

1カ月60時間を超える場合は、割増賃金率は50％以上です。残業時間の上限は、原則として月45時間・年360時間とし、臨時的な特別の事情がなければこれを超えることはできません。

賃金管理は、優秀な従業員の確保、従業員の労働意欲の高揚、安定した労使関係などに最も影響を及ぼすので注意深く設計しなければなりません。ネットフリックスの急成長の秘密の1つは、業界最高水準の賃金であり、「可能な限り最高の人材を探し、最高額の給与で採用すれば、報酬の差を補ってあまりある成長をきっともたらしてくれる[14]」と同社のCTO（最高人材責任者）は述べています。

賃金管理には大きく分けて賃金総額管理と個別賃金管理があります。賃金総額管理は、一番重要で、賃金総額を決定しておいて、その中から配分を決定する会社もあります。武田薬品は、給与を職務給に一本化し、企業や個人の業績は賞与で調整しますが、全体として賃金総額は変わらないようにしています。

個別賃金管理の第一歩は、賃金の構成要素である基本給と諸手当をどのような割合で構成し、バランスをとるかです。

基本給とは、賃金の基本的部分と付加的部分（諸手当）のうちの基本的部分であり、年齢、学歴、勤続年数などからなる属人給（本人給）とそれぞれの仕事ごとにその重要度や責任度などによって決められる職務給、職務遂行能力によって決められる職能給、職種ごとで決められる職種給等から成り立っています。

次に、個々の構成要素ごとに適正な個人配分ルールを設定します。その際、①内部公平性の原則と②外部競争性の原則という2つの個人賃金決定の原則を考慮すべきです。①は、高い業績や成果を収めた人には高い報酬を支払い、従業員間の公平性を確保するための原則です。②は、競合他社の賃金と対抗できる水準に自社の賃金を設定することで、優秀な人的資源を確保するための原則です。

その他の賃金支払いの5原則として、①小切手などではなく通貨で支払う「通貨払いの原則」、②代理人や親権者ではなく本人に支払う「直接払いの原則」、③一部でなく全額を支払う「全額払いの原則」、④「毎月一回以上払いの原則」、⑤毎月決まった日に支払う「定期期日払いの原則」があります。

賃金形態は賃金支払形態とも呼ばれ、基本給の計算単位を示す区分のことです。この算定区分は時間単位か業績単位かで分けられます。時間単位の賃金には、時給、日給、月給、年俸などがあります。業績単位賃金の場合は、通常、出来高に応じて賃金を決定する出来高給（あるいは能率給や歩合給）制の形をとります。年収が1、075万円以上の研究開発やトレーダーなど5業務の担当者は「脱時間給」の対象者になり、勤務時間ではなく成果に応じた賃金にすることができます。

賃金体系は、支払い項目を示す用語ですが、個別賃金を決定する理念を意味する場合にも用いられることがあります。賃金体系が支払項目を示す場合には、基準内賃金（所定内賃金）と基準外賃金（所定外賃金）の2つに大別されます。基準内賃金は、所定労働時間と標準的作業条件の下で支払われる賃金であり、一般的には基本給の他、家族手当、通勤手当、住宅手当などの生活関連手当（基本給では対応できない生活ニーズに応えるための手当）がこれに含まれます。

これに対し、基準外賃金は主として超過勤務手当、休日手当、深夜手当といった労働基準法に基づき支払われる割増賃金の他、役付手当、技能手当、精皆勤手当、特殊作業手当、特殊勤務手当など基本給では対応できない労働に応える職務関連手当が含まれます。

ところで、これまでは、わが国では大多数の大企業において「年功賃金」体制をとってきました。この制度の下では、賃金は、基本的には低下しません。しかし、能力主義の台頭と「同一労働同一賃金」政策によって、賃金が低下する可能性が出てきました。これは、ドラッカーが指摘しているように「賃金については客観的な基準は一つしかない。生産性である[15]」からです。

成果主義とは、ミッションと呼ばれる役割期待をどの程度遂行したかで評価するものです。それに対し、結果主義とは、途中のプロセスは一切無視して最終的な結果のみで評価します。評価で大切なことは、アメリカのように、評価結果について意見を述べる場をとってほしいということです。

年功や成果で給与を支払わない会社もあります。メイヨー・クリニックでは、「専任講師、準教授、正教授とだんだんランクが上がっていく。しかし、たしかにランクが上がれば名声も上がるものの、給与は変わらない[16]」。こうしてみな同じ給与を支払うのは、人は、給与のためではなく、自分の仕事を愛しているから働くという経営哲学から来ています。

また、給与を安くすれば利益が上がるというわけではありません。コストコは、サムズクラブよりも賃金は55％高いが、利益は88％高いのです[17]。賃金よりも利益を考えましょう。最高の報酬を提供することで成長した会社もあります。

優秀な人材を確保するためには、ある程度の報酬を提供しなくてはなりません。その際、活用できるのが、「ストックオプション」や「譲渡制限付き株式報酬」と呼ばれる株価連動型報酬です。ストックオプションは、あらかじめ決められた価格で株式を購入できる権利であり、譲渡制限付き株式報酬は、一定期間の売却制限があるが、中長期の業績に連動して株式報酬を提供するものです。いずれも、資本的に余裕がないベンチャー企業にとって使いやすい報酬です。結果が成果に直接結びつくので、アメリカなどでは大企業を退社してベンチャー企業に移籍する理由となっています。たとえば、大企業の業績や株価を2倍にすることは大変ですが、ベンチャーではそれほど難しいことではないからです。

ネットフリックスのように業界最高額を提示して優秀な人材を確保しているところもありますが、ホームステッドのように、市場の85％しか支払わないところもあります。金が理由で来た人は、金のせいで去っていくからです[18]。

なお、労働基準法は、法定3帳簿として賃金台帳、労働者名簿、出勤簿等を整備し、3年間保存することを求めています。賃金台帳は、①氏名、②性別、③賃金計算期間、④労働日数、⑤労働時間数、⑥時間外労働、休日労働及び深夜労働の時間数、⑦基本給、手当その他賃金の種類ごとにその金額、⑧労使協定により賃金の一部を控除した場合はその金額を記載します。

賃金管理には、以上のほかに、賞与管理、福利厚生管理、退職金管理、年金管理、役員報酬管理、特許報酬管理などがあります。これらについては、鈴木好和『人的資源管理論』をご参照頂ければ幸いです。

6　安全衛生管理

組織は優れた人的資源を確保し、育成し、それを保持しなければなりません。この保持に相当する管理の中心になるのが安全衛生管理です。労働安全衛生法により、会社は安全配慮義務を負っています。同法により、経営者は、業務に起因する負傷、疾病の発症又は死亡といった労働災害（労災）が発生しないように「労働災害防止計画」を策定しなければなりません。

また、事務所衛生基準規則は、事務所の広さを労働者1人について、10㎡以上としなければならないなどの「事務室の環境管理」、日常行う清掃のほか、大掃除を、6月以内ごとに行うことなどの「清潔」、休憩設備の設置努力義務などの「休養」、負傷者の手当に必要な救急用具及び材料を備え、その備付け場所及び使用方法を労働者に周知させなければならないなどの「救急用具」について規定していて、順守しなければなりません。

近年問題となっているのは、メンタル・ヘルスや過重労働防止です。これらは、企業の生産性と創造性を妨げるものなので、安全衛生教育、健康診断を含めた従業員の健康管理、災害補償対策をしなければなりません。

7 労働関係の終了

労働関係の終了には、①解雇、②退職、③期間満了等による自動終了（労働契約期間の満了、定年、休職期間の満了、死亡等による労働関係の満了）があります。

解雇には、①勤務成績不良等を理由とする「普通解雇」、②事業の縮少等に伴う「整理解雇」、③従業員の職場規律違反等を理由とする「懲戒解雇」があります。

「普通解雇」の代表的な事由は、「心身の故障により正常勤務に耐えない時」、「協調性の欠如・勤務態度不良」、「勤務成績不良・能力不足」[19]などです。

「整理解雇」は、希望退職、勧奨退職を含めた雇用調整の最終手段とみなされています。整理解雇をする場合、①人員削減の必要性、②配置転換などを含む解雇回避の努力、③解雇対象者選定の合理性、④労働組合との協議など手続きの妥当性を無視した場合には「解雇権の濫用」になります。

「懲戒解雇」の事由には、①事業場内における傷害等の刑法犯に該当する行為や会社の名誉・信用を傷つけた場合などの「私生活上の犯罪」、②二重就職、③経歴詐称、④交通死亡事故、⑤男女関係・セクハラ、⑥業務命令の拒否、⑦転勤拒否、⑧始末書の不提出、⑨無断欠勤等不正常な勤務状態、⑩多重債務・破産[20]などがあり、これにパワハラやインサイダー取引といった近年注目される事案が含まれるようになりました。

「懲戒」とは経営秩序違反に対する制裁であり、就業規則等で規定しなければなりません。それには、①戒告（譴責《けんせき》：将来を戒める）（始末書の提出）、②減給、③出勤停止（短期）・懲戒休職（長期）、④昇給延伸、昇給停止、降格、職務替、⑤懲戒免職（解雇）などの処分があります。

8　ＨＲテクノロジー

情報通信技術（ＩＣＴ）やＡＩは、ＨＲＭの領域にも広がっています。ＩＣＴを使うＨＲ

業務全般は、e-HRMと呼ばれます。AIなどの新技術を用いる場合は、HRテクノロジーと呼ばれ、そのサービス領域には、①採用・配置では、求人・マッチング、求人検索エンジン、映像解析によるアセスメント、ビデオ面接、適性検査、ダイレクト・リクルーティング、採用管理、評価・発掘など、②人材開発では、人材育成、キャリア開発・コーチ、マイクロラーニング、③組織開発では、社内コミュニケーション、モチベーション・エンゲージメント、タレントマネジメント、④安全配慮・退職では、健康管理、労務手続き、勤怠管理、賃金計算などさまざまなものがあり、今後ますます活用が見込まれています。[21] すなわち、これらの管理については自動化されるので負担が大きく軽減されます。

【註】
(1) 鈴木好和『人的資源管理論（第5版）』創成社、2018年。
(2) Bock, *op. cit.* p. 61.（前掲訳書、106頁）。
(3) 高原豪久『ユニ・チャーム 共振の経営：「経営力×現場力」で世界を目指す』日本経済新聞出版社、2014年、138頁。
(4) 東海友和『イオンを創った女：評伝 小嶋千鶴子』プレジデント社、2018年、38頁。
(5) 小池和男『仕事の経済学・第2版』東洋経済新報社、1999年、26頁。
(6) 榎本英剛・増田弥生稿「コーチングとは何か」『ダイヤモンド・ハーバード・ビジネス・レビュー』March, 2001年、50-65頁。
(7) 榎本・増田、前掲稿、53頁。

（８）Sylvia Ann Hewlett, *The Sponsor Effect: How to Be a Better Leader by Investing in Others*, Harvard Business School Press, 2019, pp. 4-5.
（９）*Ibid*, p. 6.
（10）Chris Argyris, *Integrating the Individual and the Organization*, John Wiley & Sons, Inc., 1964, p. 31.（三隅二不二・黒川正流共訳『新しい管理社会の探求』産業能率短期大学出版部、１９６９年、37－38頁）。
（11）David C. McClelland, "Testing for Competence Rather Than for "Intelligence"", *American Psychologist*, January 1973, pp. 1-14.
（12）Peter F. Drucker, *The Practice of Management*, Harper & Brothers Publishers, 1954, p. 131.（野田一夫監修・現代経営研究会訳『現代の経営・上』ダイヤモンド社、１９６５年、１９２頁）。
（13）Angelo S. DeNisi and Ricky W. Griffin, *Human Resource Management*, Houghton Mifflin Company, 2001, p. 231.
（14）Patty McCord, *Powerful: Building a Culture of Freedom and Responsibility*, Silicon Guild, 2017, p. 118.（櫻井祐子訳『ＮＥＴＦＬＩＸの最強人事戦略：自由と責任の文化を築く』光文社、２０１８年、１９２頁）。
（15）Peter F. Drucker, *Concept of the Corporation*, Transaction Publishers, 1946, p. 200.（上田惇生訳『企業とは何か』ダイヤモンド社、２００８年、１８６頁）。
（16）Leonard L. Berry and Kent D. Seltman, *Management Lessons from Mayo Clinic: Inside One of the World's Most Admired Service Organizations*, The McGraw-Hill Companies, 2008, p. 121.（古川奈々子訳『メイヨー・クリニック 奇跡のサービスマネジメント：すべてのサービスは患者のために』マグロ－ヒル・エデュケーション、２０１０年、２０３－２０４頁）。
（17）Eric Schmidt and Jonathan Rosenberg with Alan Eagle, *op. cit.*, p. 233.（前掲訳書、３６６頁）。
（18）Robert I. Sutton, *op. cit.*, p. 136.（前掲訳書、１８５頁）。
（19）櫻井稔『退職・解雇の理論と実際』中央経済社、１９９４年、１３５頁。
（20）同前書、１９０－２１２頁。

（21）岩本隆「世界と日本におけるＨＲテクノロジーの動向」労務行政研究所編『ＨＲテクノロジーで人事が変わる：ＡＩ時代における人事のデータ分析・活性化と法的リスク』２０１８年、36－37頁。

第8章　リーダーシップ

1　リーダーシップとは何か

リーダーシップとは、地位権力《ポジションパワー》以外の影響力です。地位権力とは、公式権限であり、地位に付随する権力です。したがって、リーダーシップは必ずしも地位の高い人だけが行使するものではなく、組織のだれもが行使できる影響力です。リーダーシップは、組織の到達すべき望ましいところに成員を導くことなので、組織の存続にかかわる重要なものです。

初期のリーダーシップ研究として有名なのは、ラルフ・ホワイトとロナルド・リピットによるものです。彼らは、「民主的」、「専制的」及び「自由放任的」と名付けられた、リーダーが個人及び集団の行動にどのような影響を与えるかを調べました。その結果、民主的リーダーは能率的で、集団意識性の度合いが大で、有効性の度合いも大でした(1)。また、クルト・レヴィンは、参加や介入を行わない自由放任的リーダーは、ほかのリーダーと比べて最も仕事のモラールが低くなると指摘しました(2)。こうした一連の研究から、参加的経営が注目される1つのきっかけになりました。

リーダーシップの理論は、背が高いとか声が大きいなどの特性がリーダーシップの源であるとする「特性理論」、特性ではなく、集団の維持や業績の向上といった行動に注目する「行動理論」、部下の成熟度や課題の困難さなどの状況によってリーダーの有効性が変化するとする「コンティンジェンシー理論」、組織の有効性を求める「変革理論」として発展してきました。そのうち、重要と思われる理論を4つ述べておきましょう。

1つは、ダグラス・マグレガーのX理論とY理論です。マグレガーは、普通の人間は生来、仕事が嫌いなので、強制と脅迫などの監督方法を必要とするX理論と、従業員はやる気を起こす原動力、成長能力、責任をとる能力、企業目標に向かって努力する能力をみなもち合わせているので、自己統制・自己命令が望ましいとするY理論を提唱しました。そして、リーダーシップを行使するためには、職場内で上司に認められているという雰囲気、全社的基本方針と経営理念などの知識、職場の規律の徹底といったことを実施することによって、安心感を確立することが必要であるとしました。この安心感の確立により、人は、自己実現と向上の機会を追求するのです[3]。

自己実現は、アブラハム・マズローが理論化の際に用いたものです。マズローは、人間の欲求が、①生理的欲求、②安全の欲求、③帰属と愛の欲求、④自尊の欲求、⑤自己実現の欲求という順番で、逐次的に欲求が生じてくるという欲求5段階説を唱えました[4]。自己実現は、「才能や能力、潜在能力などを十分に用い、また開拓していること[5]」であり、自他共存で課題中心的な欲求です。

第二は、ＰＭ理論です。この理論を提唱した三隅は、リーダーの重要な行動として目標達成機能《パフォーマンス》（Ｐ）と集団維持機能《メンテナンス》（Ｍ）という2つの次元でリーダーの行動を分類しました[6]。図表8－1に示すように、両方の次元が低い行動はｐｍ、目標達成を重視するリーダーはＰｍ、集団維持を重視するリーダーはｐＭになります。実験研究の結果、両方の機能を重視するＰＭ型のリーダーの行動が、集団の生産性と部下の満足度、ないしモラールが相対的に最高でした。

このことから、よいリーダーは、良好な人間関係を維持すると同時に仕事の指示と指導はきちんとする人であることが示されました。

第三は、ポール・ハーシーとケネス・ブランチャードのライフサイクル理論です。この理論は、メンバーの成熟度の違いに応じて効果的な行動が変わることを説明しています。図表8－2に示されるように、未成熟な人々を扱うときは、指示行動（図では「高い課業」）を重点的に行い、部下が成熟するに従い、関係性（よい人間関係の維持）を保つが、自立できるように成熟したならば、リーダーは指示も関係性行動も行わないほうが効果的であると主張しています[7]。

第四は、人格タイプについての研究です[8]。それによりますと、やはり時代の状況によって望ましいタイプのリーダーシップは異なるものの、革新的変化をもたらすリーダーは、ナルシシスト・リーダー以外にないというのです。ナルシシスト・リーダーは、「他人の言葉に

図表８－１　PM 理論

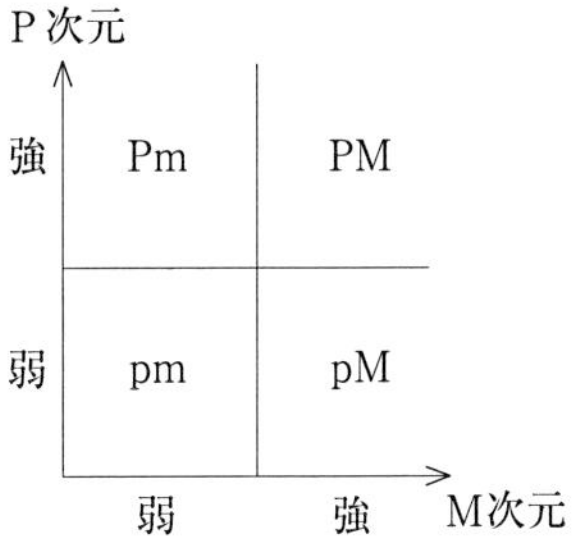

出所：三隅二不二『新しいリーダーシップ：集団指導の行動科学』ダイヤモンド社，1966 年，128 頁。

図表８－２　リーダーシップのライフ・サイクル理論

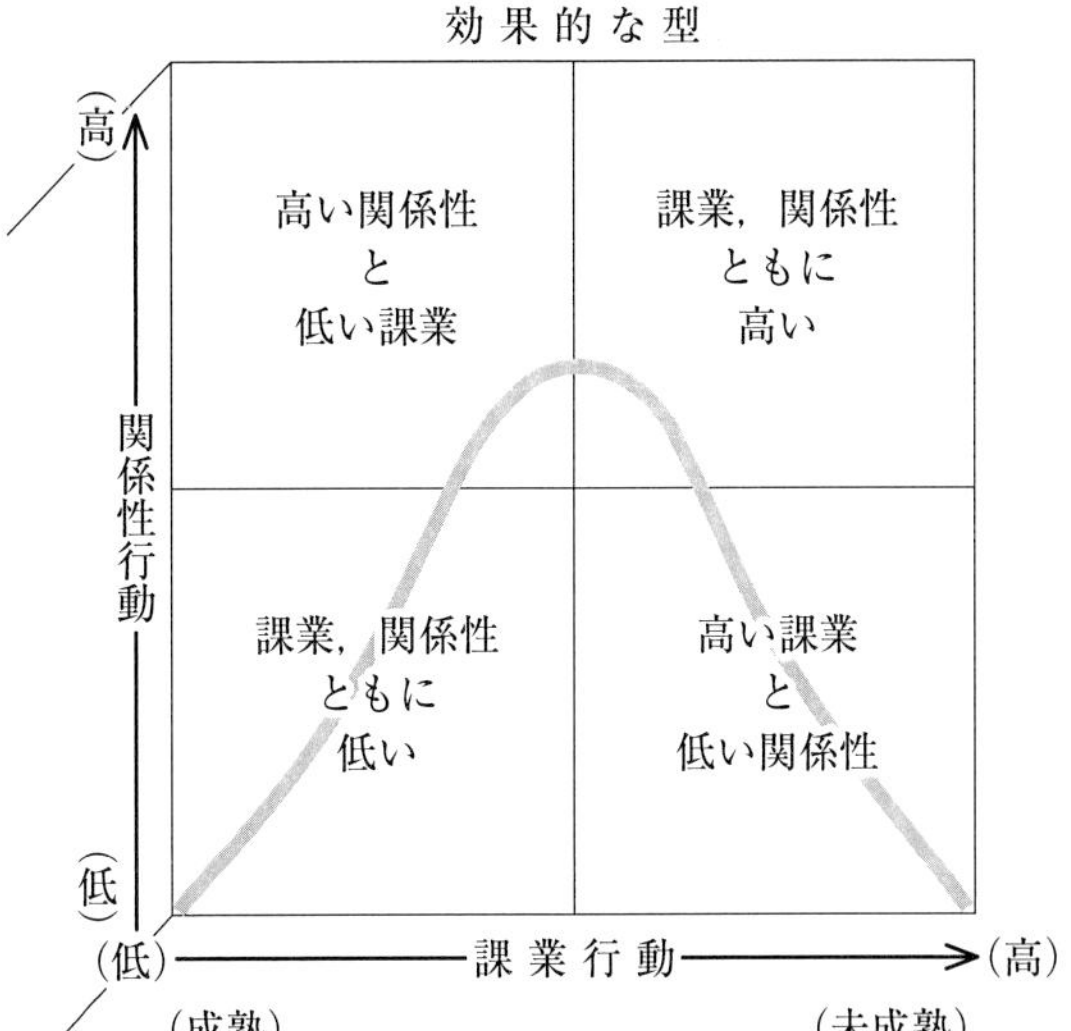

出所：Paul Hersey and Kenneth H. Blanchard, *Management of Organizational Behavior: Utilizing Human Resources*, second ed., Prentice-Hall, Inc., 1972, p. 135.（松井賚夫監訳『新版・管理者のための行動科学入門』日本生産性本部，1974 年，214 頁）。

ぜったいに耳を傾けない人間」です。すべての人の言葉を聞いていたらよい意思決定ができません。したがって、本のタイトルの『なぜイヤなやつほど出世するのか』の答えは、八方美人では経営できないということです。

同じく、ジェフリー・フェーファーの研究も「リーダーも同じである。決断する、実行する、改革する、競争環境で勝ち抜くといったことには、意志の力が必要であり、さらに、一部の人から反発されかねない行動をとり、反感を買いかねないような資質を発揮することが必要だ」[9]という結論になっています。

最後は、ケン・ブランチャード等の「1分間リーダーシップ」[10]です。サイクル理論とほぼ同じ見解ですが、部下の技能《コンピテンス》と意欲《コミットメント》でリーダーシップスタイルを変えるというものです。すなわち、①意欲はあるが技能がない部下には「指示を与える」、②意欲も技能もない部下には「指示と支援の両方を与える」、③技能はあるが意欲のない部下には「意見を聞き、よい質問をして、激励してあげるといった支援を与える」、④技能も意欲もある部下には「委任する」というものです。

2 リーダーシップとマネジャーシップの違い

ここまでみてきたように、リーダーシップは、会社内では、社長とか部長などの上級管理者だけが行使できるものではありません。管理者ばかりでなく、非管理者もリーダーシップを発揮できます。

ジョン・コッターらの207社の実証研究では、経営を支える主要な支援者（顧客、株主、従業員）のすべてを尊重し、またすべてのレベルに属する管理者のリーダーシップの発揮を重視する文化を備えた企業が、そうでない企業を、業績において大いに凌駕することを発見しました。過去11年間で、前者が売上を平均682％伸ばしたのに対して、後者は166％ほどしか伸ばしていませんでした。前者の従業員数が282％増えたのに対し、後者は36％の増加、株価においても前者が901％増加させたのに対し、後者はわずか74％の増加、純利益においては前者が756％も成長させたのに対し、後者は1％しか伸ばしていなかったのです[11]。

リーダーシップは、このように組織のあらゆる場で行使できるもので、有益で必要なものです。しかし、マネジャーシップあるいはマネジメント（管理）も同様に重要で、その両者の違いを知っておかなければなりません。

ワレン・ベニスは、「リードすることは管理することではない。この両者には重要な違いがある。多くの組織は非常にうまく管理されているが、リードはうまく行われていない。リーダーは、日常の定型業務を執行する能力にはすぐれているが、リーダー定型業務をやめるべきか否かということはいっさい問題にされていないのである[12]」と述べて、すべての階層にいるリーダーが管理するだけでなく、リードしなければならないと忠告しています。

次のコッターによるマネジャーとリーダーの区別は、最も有名なものの1つなので参考にしてください[13]。

（1）込み入った環境をうまく泳ぎきるために、①マネジメントは、将来の目標を定め、その達成に向けて詳細な実行ステップを定め、計画を完遂するために経営資源を割り当てる「計画の立案と予算策定」から着手する。②リーダーシップは、将来ビジョンと、そのビジョンを実現するための変革の戦略を用意する「針路の設定」を行う。

（2）次に、①マネジメントは、計画達成に照準を合わせた組織構造を構築し、ポストを創設すること、適切な人材を充当すること、関連スタッフへ計画を伝達すること、計画実行権限を委譲すること、実行状況を把握する仕組みをつくるなど「組織化と人材配置」を行う。②リーダーシップは、互いに手を取り合って、ビジョンを理解しその実現に尽力できる人々に新しい方向性を伝え、1つの目標に向けて組織メンバーの「心を統合」する。

（3）計画の達成を確実にするため、①マネジメントは、報告書やミーティングといった方法により、フォーマル、インフォーマル両面から計画と実績を綿密に比べ、両者の間にギャップが生じていないか目を光らせて、問題があれば、それを解決すべくプランを立て準備する「コントロールと問題解決」に取り組む。②リーダーシップは、価値観や感性といった、根源的ではあるが往々にして眠ったままの欲求に訴えかけることで、大きな障害をも乗り越え、皆を正しい方向へ導く「動機づけと啓発」を行う。

以上みてきたように、リーダーは方向づけを行い、変化する環境に対して経営体を改革する役割を担っています。それに対し、マネジメントはきまりを守らせることに重点が置かれます。大規模企業ではマネジメントとリーダーシップが同程度に重要ですが、とりわけ創立まもない企業にとっては、リーダーの役割が大きいと言えましょう。

3　企業文化とリーダーシップ

組織における文化《カルチャー》の研究は、トーマス・ピーターズらが『エクセレント・カンパニー』[14]においてて、超優良企業が強烈な文化を有していることを突き止め、その効果が指摘されたからです。企業文化とは、「集団として獲得された価値観、信念、仮定であり、組織が繁栄をつづけるにつれてそれらが共有され当然視されるようになったもの[15]」です。すなわち、企業文化は、会社独自の行動規範や信念のことであり、社訓で示されるケースが多いようです。企業文化は、これに反する行為は許されません。企業文化と類似した用語である社風は、会社の雰囲気のことで、これに背いたとしても必ずしも罰せられるわけではありません。

エドガー・シャインによれば、創業者がどのようにして文化を創造し、定着させるかについて次のように指摘しています。

「中でも、リーダー自らの行動は最も重要なメカニズムである。文化の創造とその定着という話になれば、「言行一致している」ことが特別な意味をもつ。新参者は、話されることよりも振舞いの方にはるかに多くの注意を払うからだ。特に重要なのは、リーダーはどのようなことに注意をし、評価し、怒り、報酬を与え、制裁を与えているかなどである[16]」。

このように、組織文化は企業の価値観であり、「わが社のやり方」です。組織文化の形成が不十分であると、細かいことでもいちいち指示しなければならなくなります。組織文化がしっかりしていれば、そうした必要はなくなります。ところが、いったん形成された組織文化は、価値観の基準となるものですから変更が困難です。なぜなら、昨日まで正しいと思っていたことが、今日からは間違ったことになることもあるからです。たとえば、JALの社員は「かつては、他部門の社員と会話をする機会がなかった。他部門はまるで別会社のようだった[17]」と述べています。つまり、これでもよかった時代があったのです。それに対し、ANAでは「同期同士、先輩と後輩、時に上司と部下が、情報共有や意見交換をする何気ない「おしゃべり」の蓄積を、大切なものととらえています。「おしゃべり」や「雑談」だからこその本音や実感が込められている。自分一人では経験できないことを仲間から得る機会になるのです[18]」として、社内の人とみなコミュニケーションを行っていて、これが逆転劇に結びついたと考えられます。

　変革を起こすときは、①危機意識を高める、その結果、「やろう。変革が必要なんだ」と互いに話しはじめる、②変革革新チームをつくる、③変革チームが適切なビジョンを掲げる、④ビジョンを周知徹底する、⑤自発的な行動を促す、⑥短期的な成果を実現することで変革に抵抗する人が減る、⑦気を緩めず、変革の波を次々と起こし、ビジョンを達成する、⑧変革を根づかせる、というほぼあらゆる事例に変革を実現している8段階の流れ[19]を実行するのがよいでしょう。

　企業文化は、企業の自己認識であるＣＩ《コーポレート・アイデンティティ》と関係があります。ＣＩは、企業文化を具現化したものが含まれるからです。ＣＩには、組織がどのようなものであるか確認するロゴやシンボルで定義するもの、法人としての個性とみるもの、組織の特徴や中心活動を示すものなどいろいろな定義がありますが[20]、ＣＩを明らかにすることもリーダーの役割になります。

【註】

（1）Ralph White and Ronald Lippitt, “Leader Behavior and Member Reaction in Three “Social Climate””, in Dorwin Cartwright and Alvin Zander, *Group Dynamics: Research and Theory*, 3th.ed. , Harper & Row, Publishers,

1968, pp. 318-335.（中野繁喜・佐々木薫訳「三種の「社会的風土」におけるリーダーの行動と成員の反応」、三隅二不二・佐々木薫訳編『グループ・ダイナミックスⅡ〔第二版〕』誠信書房、１９７０年、６２９－６６１頁）。

（２）Kurt Lewin, *Resolving Social Conflicts*, Harper & Row, Publishers, 1967, p. 117.

（３）Douglas McGregor, *Leadership and Motivation*, The MIT Press, pp. 5-17, 52-59.（高橋達男訳『新版リーダーシップ』産業能率短期大学出版部、１９７４年、５－20頁、62－70頁）。

（４）Abraham H. Maslow, *Motivation and Personality*, second edition, Harper & Row, Publishers, Inc., 1970, pp. 35-47.（小口忠彦訳『改訂新版　人間性の心理学：モチベーションとパーソナリティ』産能大学出版部、１９８７年、56－72頁）。

（５）*Ibid.*, p. 150.（同前訳書、２２３頁）。

（６）三隅二不二『新しいリーダーシップ：集団指導の行動科学』ダイヤモンド社、１９６６年、１１７－１２９頁。

（７）Paul Hersey and Kenneth H. Blanchard, *Management of Organizational Behavior: Utilizing Human Resources*, second ed., Prentice-Hall, Inc., 1972, pp. 134-135.（松井賚夫監訳『新版・管理者のための行動科学入門』日本生産性本部、１９７４年、２１２－２１４頁）。

（８）Michael Maccoby, *The Productive Narcissist: The Promise and Peril of Visionary Leadership*, Broadway Books, 2003, p. 64 and p. 130.（土屋京子訳『なぜイヤなやつほど出世するのか：ナルシシストがビジネスを支配する』講談社、２００４年、22及び２４９頁）。

（９）Jeffrey Pfeffer, *Leadership BS: Fixing Workplaces and Careers One Truth at a Time*, Harper Business, 2015, p. 208.（村井章子訳『悪いヤツほど出世する』日本経済新聞出版社、２０１６年、２８６頁）。

（10）Ken Blanchard, Patricia Zigarmi, and Drea Zigarmi, *Leadership and the One Minute Manager: A Situational Approach to Effective Leadership*, William Morrow, 2013, pp. 53-85.（田辺希久子訳『新１分間リーダーシップ』ダイヤモンド社、２０１５年、62－70頁）。

（11）John P. Kotter and James I. Heskett, *Corporate Culture and Performance*, The Free Press, 1992, p. 11.（梅津

祐良訳『企業文化が高業績を生む：競争を勝ち抜く「先見のリーダーシップ」』ダイヤモンド社、１９９４年、19頁）。

（12）Warren Bennis, *Why Leaders Can't Lead: The Unconscious Conspiracy Continues*, Jossey-Bass Publishers, 1989, p. 17.（千尾将訳『リーダーはなぜリードできないのか』産業能率短期大学出版部、１９７７年、32頁）。

（13）John P. Kotter, *On What Leaders Really Do*, Harvard Business School Press, 1999, pp. 52-54.（黒田由貴子監訳『リーダーシップ：いま何をすべきか』ダイヤモンド社、１９９９年、50－52頁）。

（14）Robert H. Waterman, Jr. and Tom Peters, *In Search of Excellence: Lessons from America's Best-Run Companies*, Profile Books, 2015.（大前研一訳『エクセレント・カンパニー：超優良企業の条件』講談社、１９８３年）。

（15）Edgar H. Schein, *The Corporate Culture Survival Guide*, Jossey-Bass Inc., 1999, p. 20.（金井壽宏監訳、小川丈一・片山佳代子訳『企業文化：生き残りの指針』白桃書房、２００４年、22頁）。

（16）*Ibid.*, pp. 97-98.（同前訳書、99－１００頁）。

（17）引頭麻実編『ＪＡＬ再生：高収益企業への転換』日本経済新聞出版社、２０１３年、45頁。

（18）ＡＮＡビジネスソリューション『どんな問題も「チーム」で解決するＡＮＡの口ぐせ』ＫＡＤＯＫＡＷＡ、２０１４年、51頁。

（19）John P. Kotter and Dean S. Cohen, *The Heart of Change: Real-Life Stories of How People Change Their Organizations*, Harvard Business School Press, 2002, p. 7.（高遠祐子訳『ジョン・コッターの企業変革ノート』日経ＢＰ社、２００３年、25頁）。

（20）Lee Chun Wah, "Corporate Identity as Strategic Management Communication: A Working Framework", in T. C. Melewar and Elif Karaosmanŏglu, eds., *Contemporary Thoughts on Corporate Branding and Corporate Identity Management*, Palgrave, 2008, pp. 139-140.

第9章 企業の社会的責任

企業は、社会的責任として顧客を含む社会への貢献をしなければ存続は難しくなります。その理由は、企業にとって一番大切なのは、信用としての「暖簾」だからです。たとえ、企業が人や物をはじめとしてすべての経営資源を失っても、暖簾さえ守れれば、存続が可能であるとする多くの老舗企業の意見[1]もその通りだと思われます

ヘンリー・フォードは「企業は利潤を得て経営しなければならない。そうでないと、企業は滅びる。しかし企業をただ利潤の実を求めて運営し、社会へのサービスをまったく考慮しない場合には、誰が運営しようとその企業はやはり滅びるにちがいない。なぜならこうした企業には、もはや存在理由がないからである[2]」と述べて、社会への貢献、とりわけ一般大衆のための自動車をつくり、8時間労働などの余暇の創造に力を入れました。

1 コンプライアンス

コンプライアンスとは、国や地方の行政が定めた法律や条令の遵守です。企業も社会の一

員として国内外の法律を守ることが社会的責任の基本です。

コンプライアンス経営とは、コンプライアンスを経営理念（信条としての考え）や社是（会社の経営上の方針・主張）の中心においた経営です。

注目すべきコンプライアンス対象としては、個人情報保護法や暴力団排除条例などがあります。

2　経営倫理

倫理《エシックス》とは、「何が正しくて何が間違っているかについて、人又は集団の行動を決定する道徳の原理と価値の綱領(3)」です。企業の社会的責任は、第一に、経済的責任として収益力をもつことです。第二は、法的責任としてコンプライアンスが必要です。第三は、倫理的責任として倫理的に善を行い、害悪を避けます。最後は、任意の責任でコミュニティに貢献し、よい企業市民となることです(4)。この第三の責任を果たすことが経営倫理です。

アメリカのシンクタンクであるエシスフィア・インスティテュートは、「世界で最も倫理的な企業」を発表していて、２０１９年度は、ソニーが選ばれました。

3　社会的責任の起源

企業の社会的責任は、以下のような環境汚染問題とコンシューマリズムが起源となりました。

（1）環境汚染問題

1960年代から先進工業諸国において、公害が深刻な問題となりました。わが国においても、公害が社会問題となり、大気汚染防止法、土壌汚染防止法、水質汚濁防止法などの環境法が整備されました。

さまざまな公害汚染対策として、企業は排水や汚染物質を浄化して外部に排出するエンド・オブ・パイプ方式をはじめとして、環境負荷低減型生産システムを導入するようになりました。

（2）コンシューマリズム

コンシューマリズムとは、消費者運動のことです。最初の消費者連盟は、1891年にニューヨークで結成されました。当時、食品や製品の安全性などが市民社会に影響を及ぼしはじめました。その結果、製品について消費者が知る権利や抗議する権利意識が芽生え、企業に対して製品の安全性等に関する情報の提供、欠陥製品の無償回収《リコール》等の要求が行われるようになりました。

1962年、ジョン・ケネディ元アメリカ大統領は、消費者に、情報が与えられること（to information）、安全であること（to safety）、選択できること（to choice）、意見が反映されること（to be heard）という4つの権利を認めました[5]。

わが国では、消費生活に関わる法律として、消費者保護法、消費者契約法、製造物責任法（PL法）、独占禁止法、割賦販売法、農林物資規格及び品質表示適正化法、食品衛生法、薬事法、計量法、景品表示法、訪問販売法、特定商取引法、などがあります。これらの法律は、コンプライアンスの面から守らなければなりません。

4　コーポレートブランドとESG

コーポレートブランドは、社会的《ソーシャル》責任マーケティングや社会貢献を行う社会志向《ソサエタル》マーケティングに影響を受けます。なぜなら、企業がどのような社会的責任や貢献を果たしているかは、企業のブランド資産《エクイティ》の価値を左右するからです。

近年では、ESG（Environment, Social, Governance：環境、社会、企業統治）の在り

方がブランド力拡大に影響を及ぼすようになりました。Eは、①二酸化炭素排出量の削減、②再生可能エネルギーの利用、③生産過程での廃棄物低減、Sは、①供給網での人権問題への配慮、②個人情報の保護や管理、③製品の安全性の確保、Gは、①取締役会の多様性確保、②適切な納税、③贈収賄など汚職防止などが調査会社の算出対象となっています。(6)

その他、以下のような要因を考慮することがブランド・エクイティに影響を与えます。

(1) フィランソロピー

フィランソロピーとは、企業の慈善活動で、ギリシャ語の「愛する」《フィロ》と「人間」《アントロポス》に由来し、社会のために寄付を行ったり、ボランティア活動を行うことです。(7) 企業の従業員ではなく企業自体がボランティアを行う「企業ボランティア」もこれに含まれます。こうした社会貢献活動の一例として、日本経済団体連合会(経団連)の1《ワン》%クラブがあります。その会員は、経常利益や可処分所得の1%相当額以上を自主的に社会貢献活動に支出しようと努めています。わが国に先立ち、アメリカでは税引き前利益の5%を社会に還元する活動が1976年にはじまりました。

フィランソロピーの1つとして、企業の文化支援活動であるメセナがあります。社団法人企業メセナ協議会は、セミナーやシンポジウムなどの啓発・普及活動、メセナ活動に関する調査・研究活動、ウェブによる情報発信や機関紙の情報集配活動、コンクールなどの顕彰事業、国際交流、芸術文化への民間寄付を促進する助成認定を行っているほか、優れたメセナ活動に対して「メセナアワード」を創設して表彰しています。2019年には、竹中工務店がメセナ大賞を受賞しました。

なお、社会貢献活動を企業戦略の1つの道具としてとらえる考え方を、戦略的フィランソロピーと言います。「戦略的」という用語には、競争優位を獲得する視点が含まれます。戦略的フィランソロピーとして有名なのは、マイクロソフト社の先進国と途上国の間のデジタルデバイドを解消するための同社ソフトの無償提供です。

（2）企業市民

企業市民は、企業も社会を構成する一員として、一般市民と同様に良識ある行動をとるべきであるという考え方です。具体的には、アメリカでは、企業が麻薬や銃による犯罪の撲滅、公立学校の荒廃対策、マイノリティ支援などを行ってきました。

（3）生物多様性条約

第13回生物多様性条約（COP13）は、企業に生物多様性の保全及び持続可能な利用の組み込み（生物多様性の主流化）、「生物多様性の損失を止めるために効果的かつ緊急な行動を実施する」2020年の愛知目標達成に向けた活動の推進、さらには国連が採択した持続可能な開発目標の考慮などを要請しました。それを受けて、たとえば、富士通グループは、生物多様性行動指針を策定していて、部品だけでなく、工事業者などを含めた全取引先に生物多様性保全を求めています。

（4）地球温暖化対策

地球温暖化対策の国際的枠組みは、「パリ協定」と呼ばれます。気候変動枠組条約第24回締約国会議（COP24）では、パリ協定の運用ルールが決定されたので、企業もこれに合わせた温暖化ガス削減活動を行わなければなりません。環境に悪影響を及ぼす企業の株を売却することを投資撤退《ダイベストメント》と呼びますが、そうならないように事業転換を図らなければなりません。

5　CSRの出現

1990年代後半から、欧州を中心として、CSR（企業の社会的責任《コーポレート・ソーシャル・レスポンシビリティ》）という考え方が台頭してきました。それは以下のような提案の影響を受けてのことでした。

（1）持続可能性《サスティナビリティ》

「経済性」「環境性」「社会性」という3つの視点から企業経営を評価しようとするトリプル・ボトム・ラインという考え方が、ジョン・エルキントンによって提案されました。エルキントンは、地球の持続可能性のために、社会・環境起業家の必要性を説いています[8]。

期待されるレベルの収益ばかりでなく、環境的価値と社会的価値を提供できなければ、持続できないとするこのトリプル・ボトム・ラインの思想がイギリスで普及して、企業ばかりでなく国家をはじめ、さまざまな組織の社会的責任の最低限の基準となりました。そして、トリプル・ボトム・ラインは、持続可能性報告のガイドラインと呼ばれるようになりました。詳しくは、グローバル・コンパクト・ネットワーク・ジャパン[9]を参照してください。

人間の持続可能性も注目されています。人間が持続可能であるためには、いきいきと働き肉体的にもメンタル的にも健康でいられる職場、長年働き続けてもストレスから疲弊したり病気になったりすることのない労働環境が求められるとするものです[10]。

（2）CSRが求められている背景

CSRが求められる背景として、不正表示や欠陥商品などの企業不祥事がなくならないことがあります。また、企業による環境破壊や富の格差拡大も社会問題となりました。たとえば、BOP（低所得層《ベース・オブ・ザ・エコノミックピラミッド》）問題があります。これは、世界資源研究所が2007

年に指摘したもので、年間所得が3,000ドル以下で生活している人々が世界人口の7割に当たる40億人に上り、市場規模は7億ドルであるという現実です。ILOによれば、2019年においても世界の約7億人が貧困層のままになっています[11]。

これを解決するために、ヤクルトは、インド、ベトナム、インドネシアなど38の国と地域で8万人以上のヤクルトレディの雇用と、毎日、約3,952万本の乳製品を販売することで健康な生活を提供しています。また、味の素は「ガーナ栄養改善プロジェクト」などを通して低所得層の食生活の向上に貢献するとともに、現地での原料調達などにより経済発展を促しています。

近年の研究では、CSRは、好印象をもたらす「イメージ効果」、信頼度を向上する「情報開示効果」、不信感を減らす「保険効果」によって、企業の業績を高めることが指摘されています[12]。

（3）わが国のCSR

わが国の代表的なCSRの基準は、経団連の「企業行動憲章」2017です。企業は、公正な競争を通じて付加価値を創出し、雇用を生み出すなど経済社会の発展を担うとともに、広く社会にとって有用な存在でなければならないとして、国の内外において、人権を尊重し、関係法令、国際ルール及びその精神を遵守しつつ、持続可能な社会の創造に向けて、高い倫理観をもって社会的責任を果たしていくと宣言しています。

ＣＳＲの例として、トヨタは、「社会・地球の持続可能な発展への貢献」を方針として連結会社とこれを共有しています。同社は、FTSE4 Good Index Series, FTSE Blossom Japan Index、モーニングスター社会的責任投資株価指数などのＣＳＲに関する評価を得ています。

6　株主主権論と社会的責任

（1）株主主権論

株主主権論とは、株式会社は出資者である株主が主権者であるというものです。経営者は、株主の委託を受けて経営をしているのであって、その目的は、株主利益の最大化としなければならないとする理論で、ミルトン・フリードマンの主張が代表的です。

（2）フリードマンの主張

ノーベル経済学賞を受賞したミルトン・フリードマンは、経済においては、政府の規制がない自由主義経済が望ましいとしました。すなわち、「市場経済において企業が負うべき社会的責任は、公正かつ自由でオープンな競争を行うというルールを守り、資源を有効活用して利潤追求のための事業活動に専念することだ[13]」と主張しました。

フリードマンは、企業経営者の使命は株主利益の最大化であり、それ以外の社会的責任を引き受ける傾向が強まるほど、自由社会にとって危険なことはないとしました。なぜなら、企業経営者が社会の僕《しもべ》であるとすれば、選挙を経て任命される公的手続きの対象となるからです。また、もしも企業が寄付をしたら、その行為は、株主が自分の資金の使いみちを決める自由を奪うことになるので、寄付をするのは、個人であるべきだと指摘しました。

（3）企業とステークホルダー

企業を取り巻くステークホルダーと呼ばれる利害関係者には、株主、従業員、経営陣、債権者、競合会社、消費者、地域社会、取引企業、行政機関、などが含まれます。ステークホルダーは、株主以外の利害関係者と定義される場合もあります。倫理的に経営責任を果たすためには、ステークホルダー全般に対して細やかに配慮すべきであるというステークホルダー理論があります(14)。すなわち、この理論は、ステークホルダーに適切に配慮することがCSRという立場です。

7　環境経営の推進

（1）環境経営と環境倫理

企業が存続するためには、企業倫理の中に消費者や地域社会といったステークホルダーだけでなく、全世界を含めた地球に優しい企業行動を求める環境倫理を取り入れる必要があります。そのため、理想科学工業やリコーなどは、環境経営報告書を作成してホームページで公開しています。

環境経営の資金調達として環境改善事業に限定されるグリーン・ボンド（環境債）などがあります。これらに対する投資へのファイナンスはグリーンファイナンスと呼ばれます。

（2）エコ・コミュニケーション

エコ・コミュニケーションとは、企業と社会の間のコミュニケーションを行う際に、エコロジー（自然や環境にやさしい社会の実現に向けた学問である生態学）の視点から情報開示や発信をすることで、以下の3つの理念をもつことが必要です。

1つは、時間の超越です。これは、自分たちの世代だけでなく、孫子の世代までも考えて環境問題に取り組む必要があることを意味します。

次は空間の超越です。これは、国内だけでなく、地球全体を考えなければならないということです。

最後は、種の超越と呼ばれるものです。エコロジーは、あらゆる動植物の保存が前提とされることです。

生物多様性は、3つの多様性すなわち、生態系、種「種間」、種内「遺伝子」があり、また3つの危機、すなわち、人間活動「開発・乱獲」による種の減少・絶滅、里山の手入れ不足による自然の質の低下、外来種や化学物質の影響による生態系の乱れに直面しています。

（3）環境効率《エコ・エフィシエンシー》

これは、廃棄物や汚染を減らし、エネルギーや原材料の使用を減らしながら、より少ない投入でより多くの産出を追求することです。

環境効率の代表として3Rがあります。最初のRは、リデュース（削減）です。これは、ごみの削減、梱包資材の削減など、製品の製造から廃棄にいたるまでの環境汚染につながるものの削減を目的としています。その際には、エンド・オブ・パイプではなく、最初から有害物質を排出しないようにすることが重要です。マイケル・ポーターらは、エンド・オブ・パイプを、狭く、増加性を伴う解決法であるとして批判し、公害コントロールモデルよりも、少ない資源で生産性を高めることにより環境負荷を低く抑える、資源生産性モデルを推奨しています[15]。

次のRは、リユース（再利用）です。たとえば、封筒やダンボールなどを現状のまま再利用することです。

最後のRは、リサイクル（再生利用）です。ガラスや紙などの製品を元の素材に戻して再利用します。

（4）環境会計
環境会計とは、環境経営に必要な環境費用と収益の結果である環境損益の計算と管理を行うことで、大きく外部環境会計と内部環境会計に分けられます[16]。外部環境会計は、投資家や消費者など外部の情報利用者のために、内部環境会計は、管理者や従業員などの内部の情報利用者のために提供される環境情報です。

外部環境会計では、環境報告書、CSR報告書、財務報告書などが対象になります。内部環境会計では、原材料やエネルギーなどの資源の生産性を会計に導入するもので、廃棄物のコストを算出するマテリアルフローコスト会計が含まれます。

（5）環境監査
環境監査は、1970年代のアメリカにおいて、化学工業など環境への負荷が大きい産業部門が広範囲にわたる環境規制に適合しているかどうかを評価する手法として開発されました[17]。アメリカでは内部監査が中心ですが、ヨーロッパでは外部監査が主流になります。内部監査は、社内で行う監査であり、外部監査は、外部の第三者機関を活用して環境監査を行うものです。

(6) CO_2削減社会

政府は、2020年までに1990年比25%削減という中期目標を掲げています。具体的には、国内排出量取引制度《キャップ・アンド・トレード》方式がとられています。これは、温室効果ガス排出量に限度《キャップ》を設定し、排出枠の取引《トレード》等により柔軟な義務履行を可能にする方法です。

工場やオフィスではなく、全事業所のエネルギー使用量が基準以上になれば国への報告義務が生じます。大企業が中小企業の排出削減を支援すれば、その削減分を大企業が削減したとみなす制度もあり、現在、ローソンなど約500社が参加しています。

以上のほか、CO_2に関して知っていた方がよいと思われる事項は、以下のことです。

① カーボン・フットプリント（炭素の足跡）

カーボン・フットプリントは、商品の原料調達から廃棄・リサイクルまでに排出されるCO_2量を商品に表示する仕組みです。

② ライフサイクルアセスメント

これは、製造から廃棄までの環境負荷を測定して評価するものです。

③ カーボン・ディスクロージャー・プロジェクト

イギリスのＮＰＯ、カーボン・ディスクロージャー・プロジェクトは、「気候変動」「水」「森林」の３つを、サプライチェーンという観点で改善していくために「サプライチェーン報告書２０１９」を公表しています。日本は、富士通など15社が優秀企業に選定されました。

④ カーボン利益率《リターン・オン・カーボン》（ＲＯＣ）

カーボン利益率は、いかに少ない温室効果ガスでどれくらいの利益を出しているかを示す経営指標です。企業が生み出す営業利益を、その企業が排出する温室効果ガスの総量で割り算した値で示されます。

⑤ カーボン・オフセット（炭素相殺）

カーボン・オフセットは、最初に温室効果ガスの排出の削減努力を行い、削減できなかった排出量に見合った温室効果ガスの削減活動に投資すること等により、排出される温室効果ガスを埋め合わせるという考え方です。

【註】

（1）帝国データバンク資料館・産業調査部編『百年続く企業の条件：老舗は変化を恐れない』朝日新書、２００９年、29－35頁。
（2）Ford, *op. cit.*, pp. 24-25.（前掲訳書、61頁）。
（3）Richard L. Daft, *Management*, 10th edition, South-Western, Cengage Learning, 2012, p. 122.
（4）Daft, *op. cit.*, pp. 136-137. 参照。
（5）David A. Aaker and George S. Day, eds., *Consumerism: Search for the Consumer Interest*, The Free Press, 1971, pp. 24-25.（谷原修身・今尾雅博・中村勝久訳『コンシューマリズム：消費者の利益のために・第４版』千倉書房、１９８４年、25－32頁）。
（6）日本経済新聞「ＥＳＧ企業のブランド力に寄与」２０１９年8月12日、朝刊。
（7）出口正之『フィランソロピー：企業と人の社会貢献』丸善、１９９３年、４頁。
（8）John Elkington and Pamela Hartigan, *The Power of Unreasonable People: How Social Entrepreneurs Create Market that Change the World*, Harvard Business School Press, 2008, p. 2 and p. 199.（関根智美訳『クレイジーパワー：社会起業家―新たな市場を切り開く人々』英治出版、２００８年20頁及び２９８頁）。
（9）http://www.ungcjn.org
（10）Jeffrey Pfeffer, *Dying for a Paycheck: How Modern Management Harms Employee Health and Company Performance—and What We Can Do About It*, Harper Collins, 2018, p. 3.（村井章子訳『ブラック職場があなたを殺す』日本経済新聞社、２０１９年、８－９頁）。
（11）https://www.ilo.org
（12）入山章栄、前掲書、２３９－２４７頁。
（13）Milton Friedman, *Capitalism & Freedom*, The University of Chicago Press, 1962, p. 34 and p. 133.（村井章子

訳『資本主義と自由』日経ＢＰ社、２００８年、84－85頁及び２４８－２４９頁）。

（14）Tom L. Beauchamp and Norman E. Bowie, eds., *Ethical Theory and Business*, second edition, 1983, p. 57.（加藤尚武監訳『企業倫理学Ｉ：倫理的原理と企業の社会的責任』晃洋書房、２００５年、79頁）。

（15）Michael E. Porter and Claas van der Linde, "Green and Competitive", *Harvard Business Review*, 1995, September-October, pp. 120-134.

（16）柴田英樹・梨岡英理子『進化する環境会計（第２版）』中央経済社、２００９年、28頁及び１１３頁。

（17）鈴木幸毅編『環境マネジメントシステムと環境監査』税務経理協会、２００３年、３－４頁及び26頁。

第10章 NPO

1 NPOとは何か

NPO（非営利組織《ノンプロフィット・オーガニゼーション》）とは、営利追求を目的としない組織です。わが国では、障害者の雇用や若者のキャリア教育、ホームレス支援などの難しい問題を解決していく組織のうち、約5割がNPOとなっています。NPOは企業ではありませんが、将来、営利企業に転換することも考えられます。またNPOは、活動資金に苦しんでいるというイメージがありますが、ハーバード・ビジネススクール・アニュアル・レポートによれば、NPOであるハーバード・ビジネス・パブリッシングは、大きな利益を得ています。

NPOの最も有名な定義は、レスター・サロモンによって定められた以下のものです[1]。

NPOとは、「①公式のもの、つまり、ある程度公式組織化されたもの、②民間のもの、つまり、制度的に政府から独立しているもの、③利益分配をするものではない、つまり、組織の所有者に利益を生み出すためのものではない、④自主管理、つまり、自分たちの活動を管理する力を備えている、⑤自主的な意思によるもの、つまり、組織の実際の活動において、あるいはその業務のマネジメントについて、有志による自発的な参加をなにがしか含むものである、⑥公共の利益のためのもの、つまり、公共の利益に奉仕し、寄与するものである」。

この定義で最も重要なことは、利益の分配をしないという点です。これを非分配原則と言います。利益はどんなに潤沢であっても、その儲けを出資者や組織構成員で分配しないことがNPOの特徴です。

アメリカでは、NPOは税制優遇上の概念であり、州によってその規定はまちまちであることに注意が必要です。わが国では、NPO法（特定非営利活動促進法）で認められた法人をNPO法人と呼びます。

2 NPO法人の設立

NPO法人を設立するためには、以下の要件を満たして、都道府県又は内閣府の認証を得て登記する必要があります。すなわち、①特定非営利活動を行うことを主たる目的とすること、②営利を目的としないこと、③社員（正会員など総会で議決権をもつ者）の資格を得たり失ったりすることに関して、不当な条件をつけないこと、④役員として理事（法人を代表し、業務上の意思決定を行う）を3人以上、監事（理事の業務執行や法人の財産の状況を監査する役割をもつ）を1人以上置くこと、⑤役員のうち、報酬を受ける者の数が役員総数の

3分の1以下であること、⑥宗教活動や政治活動を主たる目的としないこと、⑦特定の公職者（候補者を含む）又は政党を推薦、支持、反対することを目的としないこと、⑧暴力団でないこと、暴力団もしくは暴力団員の統制の下にある団体でないこと、⑨10人以上の社員がいること、⑩役員は青年被後見人（心神喪失状態にある禁治産者など）等の、NPO法に規定する欠格事由に該当しないことです。

NPOは、設立費用はゼロで、利益に30％（800万円までは22％）の法人税が課税されます。根拠法は特定非営利活動促進法で、設立目的は17分野の非営利事業への従事に限定され、会員の出資はできません。17分野とは、①健康、医療又は福祉の増進を図る活動、②社会教育の推進を図る活動、③まちづくりの推進を図る活動、④学術、文化、芸術又はスポーツの振興を図る活動、⑤環境の保全を図る活動、⑥災害救援活動、⑦地域安全活動、⑧人権の擁護又は平和の推進を図る活動、⑨国際協力の活動、⑩男女共同参画社会の形成の促進を図る活動、⑪子どもの健全育成を図る活動、⑫情報化社会の発展を図る活動、⑬科学技術の振興を図る活動、⑭経済活動の活性化を図る活動、⑮職業能力の開発又は雇用機会の拡充を支援する活動、⑯消費者の保護を図る活動、⑰前各号に掲げる活動を行う団体の運営又は活動に関する連絡、助言又は援助の活動です。

内閣府によれば、2019年度の認証NPO法人数は、51、415法人となっています。NPO法人のうち、一定の基準を満たすもので、所轄庁の認定を受けた法人は、認定NPO

法人となります。認定NPO法人になると、税制上の優遇措置を受けることができます。認定の有効期間は、認定の日から5年間ですが、更新できます。

3 NPO法人と類似組織

非営利組織には、NPO法に基づくNPO法人格をもたないものがあります。広義のNPOに含まれ、設立や運営に行政の許可・認可を得る必要がある組織には次のようなものがあります。

(1) 公益法人

公益法人には、民法で規定された「祭祀、宗教、慈善、学術、技芸その他公益に関する活動」を根拠にした法人である社団法人と財団法人、その他の特別法で設立された学校法人、社会福祉法人、宗教法人、医療法人などがあります。

公益社団法人と公益財団法人は、公益目的事業の費用の比率が全体の50%以上である等の要件を満たさなければなりません。これらは、対外的に法人を代表するとともに意思決定を行う理事と監査を担当する監事を置く必要があります。

学校法人は、私立学校を設置運営する主体です。学校に必要な施設、設備又は資金ならびにその経営に必要な財産などを審査したうえで、私立高等学校以下の学校のみを設置する学校法人の場合は都道府県知事が認可します。私立大学及び私立高等専門学校を設置する学校法人については文部科学大臣が認可します。いずれもあらかじめ大学設置・学校法人審議会又は私立学校審議会の意見を聞かなければなりません。

社会福祉法人は、社会福祉法を根拠とするもので、保育所、老人福祉施設、児童福祉施設、知的障害者援護施設、身体障害者更生援護施設、保護施設、母子福祉施設の運営などの社会福祉事業を行うことを目的としています。

宗教法人は、宗教の教義を広め、儀式行事を行い、信者を教化育成することを主たる目的とする団体です。認可されるためには、「宗教団体であることを証する書類」を提出し、所轄省でそれが認められると、規則の認証を受け、設立登記をすることで宗教法人となります。

医療法人は、医療法で「病院、医師もしくは歯科医師が常時勤務する診療所又は介護老人保健施設を開設しようとする社団又は財団」を意味します。医療法人は、法人格が与えられることで、医療の永続性を維持することを可能にします。この法人も非分配原則に従わなければなりません。公益性の高い医療に取り組む医療法人は、社会医療法人に移行でき、2020年、314法人が認定されています。

（2）共益団体

共益団体は、法人税法によって、「その社員（会員）から受け入れる会費により当該会員に共通する利益を図るための事業を行う法人であってその事業を運営するための組織が適正であるもの」と定義されています。共益団体は、①会員に共通する利益を図る活動を行うことを目的としていること、②定款等に会費の定めがあること、③主たる事業として収益事業を行っていないこと、④定款に特定の個人又は団体に余剰金の分配を行うことを定めていないこと、など7つの要件をすべて満たさなければなりません。

共益団体は、利益を目的とはせず、共益を目的とすることから、非営利組織の範疇に入れられます。例として、森林組合、労働組合、経済団体、ＬＬＰなどがあります。また、以下のような組織もあります。

①　民法組合（任意組合）

この組合は、複数の当事者が存在すること、当事者たる組合員による出資があること、特定の共同事業を営むことを目的とすること、当事者が組合の成立を約することによって設立でき、自由なルールで運営が認められています。無限責任で、設立費用と法人税はありません。農家による生産組合などが例です。

② 企業組合

これは、「中小企業等協同組合法」に基づく法人で、4人（半数以上は仕事従事者）の構成員が必要で、名称中に企業組合の文字を用いなければなりません。一般的には、株式会社への移行を目指す法人です。設立目的は、商業、工業、鉱業、運送業、サービス業その他の事業であり、行政庁の認可が必要です。

③ 協同組合

協同組合も「中小企業等協同組合法」に基づく法人で、共通する目的を図るために協同して組織する団体で、事業協同組合や火災共済協同組合などがあります。生産や販売に関する共同事業や組合に対する事業資金の貸付、火災共済事業などを行います。個人で構成される消費生活協同組合（生協）や農業協同組合（農協）は、これとは法律による規定が異なる点で注意を要します。

④ 共済組合

国家・地方公務員等を対象として一般の社会保険と同等の給付を行うための組織で、市町村職員共済組合、私立学校教職員共済組合、農林漁業団体共済職員組合などがあります。

4 NPOの存在意義

ＮＰＯの存在の意義には、次のようなものがあることが指摘されてきました。

（1）市民運動の恒常化

ＮＰＯは、環境問題、福祉、教育といった分野で、政府や企業に代わる第三の部門として大きな役割を果たしています。欧米では長い歴史があり、21世紀は「市民の時代」と言われていて、市民運動の恒常化をこの組織が担うと指摘されています。

（2）「市場の失敗」「政府の失敗」「契約の失敗」

ＮＰＯは、経済学的に「市場の失敗」、「政府の失敗」と「契約の失敗」を補完するために成立すると考えられています。[2] 多くの人が同時に消費できる財・サービスである公共財は、ただ乗りを排除できない（非排除性）ために、企業は、ニーズはあっても生産を見合わせます。その結果、そうした公共財の供給を市場にゆだねても、需要に応じられるほどには供給されません。それを「市場の失敗」と言います。

「政府の失敗」は、公共財に対する需要の多様性が進んでいることに由来します。政府が供給している公共サービスの中には、公共財と私的財の中間的な性質をもつ準公共財があり、そのサービスだけでは満たされないニーズが存在します。そのニーズを満たす組織の1つがＮＰＯとなります。完全な政府は難しいということです。

患者と医師では、病気や治療に関する情報の量や質がまったく違うので、患者は診断や治療を医師にゆだねなければなりませんが、これを「情報の非対称性」(3)と呼びます。ミッション志向の非営利組織と利益志向の企業とを比較すると、人々は非営利志向の組織を信用するのです。契約された財とサービスの質と量を測定するのが困難な場合があり、その場合、市場経済が正しく機能しないことによって「契約の失敗」となり、非営利組織を信用することが起こります。

5 企業とＮＰＯのパートナーシップ

ＮＰＯの主たる活動は、企業活動が社会にもたらすさまざまな弊害やゆがみを是正することが主たる目的でした。しかし近年、ＮＰＯは、企業を事業活動や社会貢献活動のパートナーとして協調路線を選択するようになりました。

協調路線をとる場合、ＮＰＯは企業から資金、技術、人材、経営ノウハウの提供などの支援を受けるのに対して、企業は、ＮＰＯのもつ非営利性、市民性、公共性に基づいた監視《モニタリング》、政策提言《アドボカシー》、評価及び協力を受け入れることによって、双方のコラボレーションが成立します。たとえば、ANAやファミリーマートなどは、NPOと連携して地域創生や国内外の次世代に向けたプログラム提供及び支援を実施しています。

6　NPOのマーケティング

NPOにマーケティングの手法を取り入れることを提案したのは、フィリップ・コトラーです。[4] コトラーは、非営利組織もその使命を決定する組織の環境と特有のマーケティング活動を理解しつつ、民間部門から生まれた最新コンセプトと技法、とりわけ顧客中心マーケティング・マネジメントの特性を認識し、活用すべきであるとして、以下のような技法を提案しています。

① 戦略的マーケティング計画（組織が行うべき戦略的計画の見通しの基本的方向性の決定）
② ターゲット顧客行動の理解（対象者の行動、利得、苦痛や犯罪などのコスト、他者による影響、自己効力期待の理解）
③ マーケティング情報の収集と活用（市場の特徴を描写し、説明し、予測するためのマ

ーケティング調査)

④ 市場細分化、ポジショニング、ブランディング(年齢、地理的位置、婚姻関係などでターゲット顧客を細分化し、組織と提供物の位置づけであるポジショニング、そして、このポジショニングをマネジメントする手段として、認知的、感情的要素を含むブランド構築や再構築)

7 NPOの問題

NPOは、明確な戦略が打ち出せない、事業遂行能力が不十分、恒常的な収入不足、従業員に十分な報酬が支払えないといった問題を抱えていると指摘されています。

ドラッカーは、非営利組織の管理のための提言をしています[5]。ドラッカーの言う非営利組織は、NPOだけではなく、行政や公益法人までも視野に入れたものになっていて、営利組織にもあてはまる部分が多くなっています。そのうちのいくつかは、以下の通りです。

① 具体的な行動目標である「使命」を設定する。この使命の表現には、「何が機会であり、ニーズであるか」、「成果を上げる能力を有しているか」、「本当に信念をもってやれそうか」の3つが示されなければならない。この使命は絶えず見直さなければならない。

② リーダーは、人材と資金という資源の配分を責任をもって行わなければならない。

③ 非営利組織にとっては、マーケティング戦略が、第一の基本的な戦略である。市場に関する十分な知識を蓄え、顧客であるコミュニティに対して、いかにサービスを届け、サービスを提供するために必要とする資金をいかに入手するかが戦略として策定されなければならない。

④ 寄付者に対して成果を示さなければならない。

⑤ 人のマネジメントについては、何かに貢献していることを明らかにしなければならない。そうでなければ、ボランティアだけでなく、有給のスタッフも非営利組織で働く意味がなくなる。

こうした非営利組織の成果を測るために、ドラッカーらは、自己評価のためのワークブック(6)を作成しているので活用してください。

【註】

(1) Lester M. Salamon, *America's Nonprofit Sector: A Primer*, The Foundation Center, 1992, pp. 6-7.(入山映訳『米国の「非営利セクター」入門』ダイヤモンド社、1994年、21-23頁)。

(2) 雨森孝悦『テキストブックNPO:非営利組織の制度・活動・マネジメント』東洋経済新報社、2007年、117-120頁。

（3）Kenneth, J. Arrow, "Uncertainty and the Welfare Economics of Medical Care", ***The American Economic Review***, 53, No.5, December 1963, pp. 941-973.（この論文では情報差異（the informational inequality）という言葉が用いられています）。

（4）Philip Kotler and Alan Andreasen, ***Strategic Marketing for Nonprofit Organizations***, 4th ed., Prentice-Hall, Inc., 1991.

（5）Peter F. Drucker, ***Managing the Nonprofit Organization: Principles and Practices***, Harper Collins Publishers, 1990.（上田惇生・田代正美訳『非営利組織の経営：原理と実践』ダイヤモンド社、１９９１年）。

（6）Peter F. Drucker Fundation for Nonprofit Management and Gary J. Stern, ***The Drucker Fundation Self-Assessment Tool Process Guide***, Jossey-Bass, 1998. and Peter F. Drucker and Gary J. Stern, ***The Drucker Fundation Self-Assessment Tool Process Guide (SAT II) Set***, Jossey-Bass, 1998.（田中弥生監訳『非営利組織の成果重視マネジメント：ＮＰＯ・行政・公益法人のための［自己評価手法］』ダイヤモンド社、２０００年）。

第11章　コーポレートガバナンス

1　コーポレートガバナンスとは何か

コーポレートガバナンスとは、会社統治あるいは企業統治と訳されていて、会社の不正行為を防止し、事業の持続的向上を確保するための仕組みのことで、株主、取締役会、上級経営者、従業員、その他のステークホルダー間の関係の在り方を意味します。内閣府は、企業統治に関する事項として、会社の機関の内容、内部統制システムの整備の状況、リスク管理体制の整備の状況などを例示しています。

コーポレートガバナンスが、企業の従業員が豊かな暮らしを続けたり、企業のコミュニティが安定したり、顧客が新しい供給者をみつける必要があるなどの点にも影響をもたらしたために、経営者は企業を誰のためにどのように管理するか、あるいは経営者の権力に対する監視と制御が問題となったため注目されるようになりました。[1]

東京証券取引所は、企業統治指針《コーポレートガバナンスコード》を定めています。このコードは、基本原則として①株主の権利・平等性の確保、②株主以外のステークホルダーとの適切な協働、③適切な情報開示と透明性の確保、④取締役会等の責務、⑤株主との対話について規定しています。原則の中には、社会・環境問題をはじめとするサスティナビリティや女性の活躍促進を含む社内の多様性の確保についても定められています。東京証券取引所は、上場企業に「コーポレートガバナンスに関する報告書」の提出を義務付けていますので、このコードを守る必要があります。

イギリスなどでは、取締役会の秘書・アドバイザーであるカンパニー・セクレタリーがコーポレートガバナンス実務を担当しています。経済産業省は、カンパニー・セクレタリーのような対外的に一元的な窓口を設置するよう求めています。[2]

起業にあたり、ガバナンスをどうするかを考えておかなければなりません。これによって、会社をどのような存在にするかが決まるからです。また、非上場企業でも東京証券取引所のコードを守ることは、持続的な成長と企業価値の向上に結び付くでしょう。

以下において、コーポレートガバナンスに関する主な研究結果について簡単に紹介しておきたいと思います。

2　バーリとミーンズの研究

アドルフ・バーリとガーディナー・ミーンズは、会社が、出資者である株主ではなく、所有者以外の専門経営者によって支配されていることを明らかにしました。[3] かれらは、アメリカ非金融200社を対象に筆頭株主の持株比率を中心として調査し、会社数の65%、その総合的富の80%は、経営者もしくは法律的手段方法のいずれかによって支配されているとされました。

バーリとミーンズは、会社が大きくなると公的なものになるべきであるとするガバナンスのあり方を提案しました。ホンダやパナソニックの創業者は、会社を公器と考えていました。本田宗一郎氏は子供をホンダに入社させなかったことで有名です。

3 経営者支配論の展開

バーリとミーンズ以外に経営者支配論として代表的なものはジェームズ・バーナムの経営者革命論です。バーナムは、「資本主義的、ないしはブルジョワ的と呼ばれる型の社会から、われわれが経営者的とよぶ型の社会への移行」を経営者革命と命名しました。資本主義でも社会主義でも、事実上社会を支配しているのは経営者であると指摘しました[4]。

4 銀行・金融支配論の展開

以上のように、コーポレートガバナンスの趨勢は、出資者自身による経営から、専門経営者に会社の運営を任せるようになりました。その理由は、巨大化した組織に必要な権限委譲をするためや、専門家に任せたほうが高い利益を得られることなどのためでした。しかし、その後、デビッド・コッツの研究に代表されるような借入金の増大などに伴う銀行・金融支配論が登場しました。コッツは、1967年から1969年までの非金融大手企業200社で金融支配が生じていることを明らかにしました[5]。

規模の拡大に伴い、専門経営者への依存は必然的ですが、金融支配にならないように注意しなければなりません。

5 諸外国のコーポレートガバナンス

ここで、諸外国とりわけ代表的な数カ国のガバナンスのうち、アメリカ、イギリス及びドイツの特に制度面についてみておきましょう。なぜなら、大会社でなくとも、海外展開は例外的ではなくなりました。また、海外展開をしなくとも、海外の現状は参考になります。

(1) アメリカのコーポレートガバナンス

アメリカでは、1970年代から企業の株主として年金基金、投資信託、保険会社、銀行の信託部門、財団などの機関投資家が台頭しました。最初はウォールストリート・ルールに従ってそれらの投資家は行動していましたが、投資金額の巨額化は、一斉売却が株価下落を招くので簡単に売却できなくなりました。ウォールストリート・ルールは、気に入らない株はすぐ売ってしまうことを意味します。このルールは、イギリスでは、「シティ」ルールと呼ばれます。

こうして投資金額が巨額化し個別銘柄の投資リスクを平均化するため、機関投資家は、ダウ平均株価やS&P500チャートなどの株価指数《インデックス》と同じ動き、同じ収益率を目指す運用方針である「インデックス運用」を求めました。驚くことに、2018年6月までの15年間に米国の大型株でファンドマネジャーが自らの腕で勝負する「アクティブ運用」の92%は、S&P500チャートの運用利回りを下回りました。(6) インデックス運用のほうが利回りが高かったのです。

ダウ平均株価は、アメリカのダウ・ジョーンズ社が発表している工業各部門の優良株30銘柄を対象とする平均株価指数で、株価の単純平均を算出したものです。また、S&P500チャートは、アメリカの投資情報会社であるスタンダード・アンド・プアーズ社が算出しているアメリカの代表的な株価指数で、ニューヨーク証券取引所、アメリカン証券取引所、NASDAQに上場している銘柄から代表的な500銘柄の株価をもとに算出される時価総額加重平均型指数のことです。なお、日経平均株価は、東京証券取引所第一部に上場する225銘柄を選定し、その株価を使って算出する株価平均型の指数です。

1974年には、「従業員退職所得保障法」が成立し、機関投資家に受託者責任を定め、最善の投資効果をもたらすことが義務づけられました。これにより、機関投資家は、株の一斉売却が困難になったので、株価の維持と値上がり及び配当利回り向上を求めて、「物言わぬ株主」から「物言う株主《アクティビスト》」へと方向転換しました。これを株主行動主義と言います。

株主行動主義には正式な定義はありませんが、株主が企業の経営方法を変えようと試みる行動のことで、具体的には、経営陣に書面を送る株主提案、競合する取締役の選出、株主代表訴訟などです[7]。この株主行動主義は、1990年代にリレーションシップ・インベストメント（RI）として進展しました。すなわち、当時「ウォールストリート・ルールからコーポレートガバナンス原則への転換」がなされ、機関株主が自らを単なる投資家（投機家）ではなく所有者としてみなし、大株主としての自分たちの影響力をより効果的にそして強力に行使しコーポレートガバナンスのあり方を意図的に変えていく態度を明確に示しはじめたのでした[8]。

1970年代以降、株主と経営者の関係は、エージェンシー理論に基づき、所有者あるいは依頼人《プリンシパル》と代理人《エージェント》の関係とみなされ、エージェントである経営者は、必要であれば、従業員を犠牲にして株主利益を実現しようとするようになりました。その結果、アメリカ企業の経営者の優先順位は、第1位が株主、第2位が顧客、第3位が従業員というのが一般的になりました。この「エージェンシー理論」は、「会社を指揮する経営者の利益と、株主の利益の方向性を一致させなければならない。そうしないと、経営者は自分らの利益の追求だけを行い、それ以外には何もせず、株主を欺くようになる。…何はともあれ、この理論こそが、経営者に非常に高額な業績連動型の報酬を与えている根拠なのだ(9)」と指摘されるように、アメリカの経営者高額報酬のもとになりました。

アメリカ型のトップマネジメントの組織は、受託者責任、説明責任《アカウンタビリティー》及び抑制と均衡の原則に基づいて、株主総会、取締役会、業務執行役員の三者構成となっています。受託者責任とは、代理人としての責任です。抑制と均衡の原則とは、権力分立のことで、権力の均衡を守ることです。アメリカの取締役会は、年平均8か9回しか開催されないため、ほとんどの取締役会が内部委員会を通じて活動しています。

全員社外取締役で構成されることを義務づけられている監査委員会の役割は、会計監査人（監査法人）の選任と監督、会計監査、内部管理についての監査などです。指名委員会と報酬委員会も全メンバーが社外取締役で構成されます。報酬委員会は、CEO、COO、CFOなどの経営者報酬を決定し、もしくはその妥当性について審査し、その結果を取締役会に勧告します。指名委員会は、取締役、会長、CEOの候補者を推薦するとともに新規採用人事の検討や取締役会の評価を行います。そのほか、業務執行委員会やコーポレートガバナンス委員会などが設置されています(10)。

2002年にサーベンス・オクスリー（SOX）法が成立し、企業の不正会計を防ぐため、CFO（最高財務責任者《チーフ・フィナンシャル・オフィサー》）に決算書の正確性を保障する署名を義務づけ、監査委員会全員の社外取締役化や証券取引法違反の罰則強化などが義務づけられました。また、CGO（最高統治責任者《チーフ・ガバナンス・オフィサー》）の役職を設ける企業が増え、取締役会の運営やコンプライアンスなどの統治改革を企業内部で進めています。これを参考に日本版SOX法ができました。

（2）イギリスのコーポレートガバナンス

イギリスでは、大企業における株式分散は日米と比べると少なく、「経営者支配論とマルクス主義的な銀行支配論のいずれも支配される根拠がほとんどなかった」ことがこれまでの調査で示されています[11]。

イギリスでも、CEOと取締役会長の分離、非執行取締役における社外取締役の増加、監査委員会、指名委員会、報酬委員会が設置されています。上場企業が守るべき行動を定めた規範集である企業統治指針《コーポレートガバナンスコード》は、従業員の声を経営に取り入れることや役員報酬の透明性を求めています[12]。

（3）ドイツのコーポレートガバナンス

ドイツの取締役会は、監査役会と、監査役が選任し業務執行を担当する執行役会を分離した二層制です。執行役と監査役のメンバーの兼任は禁止されています。

監査役会を規制しているのは、モンタン共同決定法です。これは、従業員が2千名を超える大企業を対象とする共同決定法で、①労使同数の監査役と中立の監査役1名で構成され、②監査役会議長は必ず資本側代表の監査役から選出され、賛否同数時には議長が2票目の投票をします。労働者代表監査役の中には、部長や課長などの指導的管理職員が必ず1人は入っていなければなりません。

これに対して、従業員5百人以上2千名以下の企業を対象とする会社については、経営組織法で規定されています。同法では、労働者代表は、監査役会のメンバーの3分の1でよいことになっています。

ドイツでは、株式所有構造にも特徴があり、上位200上場企業の90%が、単独の所有者によって25%以上の株式を所有されています

6　わが国のコーポレートガバナンス

わが国においても専門経営者を活用するかしないかは、その後の事業展開に大きな影響を及ぼしました。たとえば、安田善次郎は、自己の情報網と自己の能力主導の事業展開を行った結果、高等教育を受けたブレーンや専門経営者の欠如をもたらし、そのことが金融以外の多角化事業を失敗に導き「安田家に人無し」[13]と言われました。それに対して、鈴木商店が多角化と規模拡大を成し遂げた理由は、最初の発展段階において大いに権限移譲を行った結果

であると分析されています[14]。

今日のわが国におけるコーポレートガバナンスは、委員会設置会社と従来型の取締役会との選択制のもとに行われています。それは、以下のように進展しました。

戦後、財閥解体によって大企業においては経営者支配が一挙に実現しました。このとき、緊急対応的に社長になった人を補佐する目的で常務会が設置されることになりました。財閥解体により個人大株主を失ったこともあり、機関所有は戦後一貫して増加を続けました。そして、旧財閥の関係維持や買収防衛のため、株式の持合などによる企業グループが形成されました。具体的には、富士銀行の芙蓉グループ、第一勧業銀行の第一勧銀グループ、三井二木会の三井グループ、住友白水会の住友グループ、三菱金曜会の三菱グループ、三和銀行三水会の三和グループが6大企業グループとして形成され、銀行を中心とした系列が形成されました。また、これらの銀行は、メインバンクとして人的・資本的支援を行いました。

この6大グループは、現在、富士銀行、日本興業銀行や第一勧業銀行などが統合したみずほフィナンシャル・グループ、太陽神戸銀行、三井銀行や住友銀行などが統合した三井住友フィナンシャル・グループ、東京三菱銀行の三菱グループとUFJ銀行の三和グループが合併して三菱東京UFJ銀行が成立し、三菱UFJフィナンシャル・グループとなりました。

このように、日本では、株式の持合を通じて株式所有の安定化が図られたために、敵対的M&Aや株主行動主義を起こすのは困難でした。

90年代のバブル崩壊後に株式所有構造が変化しました。金融機関の持株比率の低下、株式持合の崩壊、外国人投資家の持株の増大が起こりました。国際競争が激化して、グループ内取引だけでは、コスト高になってしまったことが大きな理由でした。2018年では、株式の持ち合い比率は、9・2%となっています[15]。

これまでの取締役会の問題点として、以下の点が指摘されます。

① 取締役会構成員のほとんどが業務執行も担当しました。
② 法律上の取締役規定とは異なり、代表取締役以外の平取締役においても、常務会の社長をもっぱら補佐する専務や、専務の下に位置して通常特定の職能を担当しながら社長を補佐する常務といった序列が、取締役会の中にありました。
③ 社外取締役は、少数派でした。
④ 取締役の人数は、多人数でした。
⑤ 次期社長を現社長が決定することが一般的でした。
⑥ 報酬は、自分たちで決めることができる場合もありました。

以上のような問題の反省として、欧米にみられるような執行役員制が導入されました。この導入により、以下のようなメリットが生まれました。

①　社外取締役が増加しました。たとえば、２０１９年現在、日立製作所は取締役会11人のうち、８人が社外取締役になっています。これにより、多様な視点を経営に反映することで意思決定の質が高まり、監視機能も充実します。
②　社外取締役が入ることで、株主の意見が反映されやすくなります。
③　意思決定と業務執行機能の分離は、不正防止に役立つばかりでなく、取締役の中の序列解消になります。
④　決定と実行の分離は、取締役の人数を減らすことができます。
⑤　委員会制度により、株主にとって望ましい取締役を選任できます。
⑥　委員会制度により、株主にとって望ましい報酬額におさえられます。

指名委員会等設置会社と監査等委員会設置会社の創設は、監査役設置会社のガバナンスのあり方に今後とも影響を及ぼすと考えられます。たとえば、２０１８年現在、東証一部上場企業の88％が複数の社外取締役を設置しています。

7　株主代表訴訟

株主は、会社に損害を与えた取締役や監査役などの経営者に対して法的責任を追及するため、会社を代表して訴訟を起こすことができます。これを株主代表訴訟と言います。訴訟手数料は、一律１３、０００円です。

訴訟費用が低額なので、経営者は、些細なことでも訴えられる可能性があります。また、高額の責任を負わされた場合、支払できない場合もあると考えられます。そのため、所定の手続きで、代表取締役は報酬の６年分、社内取締役は４年分、社外取締役と監査役は２年分まで賠償責任額を軽減できます。

このように経営者は、慎重な経営を行うばかりでなく、株主に対して十分な説明責任を果たさなければなりません。

【註】

（１）Mark J. Roe, Strong Managers, *Weak Owners: The Political Roots of American Corporate Finance*, Princeton University Press, 1994, p. vii and p. 235.（北條裕雄・松岡順介監訳『アメリカの企業統治：なぜ経営者は強くなったか』東洋経済新報社、１９９６年、xvi、３０１頁）。

（２）経済産業省「コーポレート・ガバナンス・システムに関する実務指針（ＣＧＳガイドライン）」（https://www.meti.go.jp/press/2018/09/20180928008/20180928008-1.pdf）。

（３）Adolf A. Berle, Jr. and Gardiner C. Means, *The Modern Corporation and Private Property*, The Macmillan company, 1933, p. 94.（北島忠男訳『近代株式会社と私有財産』文雅堂銀行研究社、１９５７年、１１７頁）。

（４）James Burnham, *The Managerial Revolution*, Indiana University Press, 1962, p. 71.（武山泰雄訳『経営者革命』東洋経済新報社、１９４５年、76頁）。

(5) David M. Kotz, *Bank Control of Large Corporations in the United States*, University of California Press, 1978, pp. 101-102.（西川忠範訳『巨大企業と銀行支配：現代アメリカ企業と支配構造』文眞堂、1982年、107－108頁）。

(6) 日本経済新聞「インデックス投信に革命」2019年1月22日、朝刊。

(7) Kenneth A. Kim and John R. Nofsinger, and Derek J. Mohr, *Corporate Governance*, 3th edition Prentice-Hall, Inc., 2010, pp. 95-107.

(8) 宮坂純一『ステークホルダー主義と企業社会』晃洋書房、2005年、8－9頁。

(9) Freek Vermeulen, *Business Exposed: The Naked Truth about What Really Goes on in the World of Business*, Financial Times Prentice Hall, 2010, p. 110.（本木隆一郎・山形佳史訳『やばい経営学』東洋経済新報社、2013年、156頁）。

(10) 日本貿易振興会海外調査部「米国の企業統治調査報告書」2003年7月（http://www.jetro.go.jp）。

(11) ジョン・スコット、仲田正樹・長谷川治清『企業管理の国際比較：英米型と日本型』中央経済社、1993年、32頁。

(12) 日本経済新聞「英、企業統治「従業員重視」に」2018年8月23日、朝刊。

(13) 寺西重郎稿「安田善次郎：細心・怜悧な銀行家」日本経済新聞社編『日本の経営者』日本経済新聞社、2009年、23－36頁。

(14) 加護野忠男稿「金子直吉：現場主義の分権経営」同上書、93－106頁。

(15) 日本経済新聞「持ち合い株解消加速は「稼ぐ効率」底上げにも貢献」2019年9月5日、朝刊。

第12章　企業結合

1　事業展開の方向

企業が事業展開を図る方向は、既存事業の拡大を図る水平的展開、既存事業の関連分野への拡大を図る垂直的展開、異分野事業への展開を図る多角化展開があります。関連分野の事業展開の例として、吉野家、ワタミ、サイゼリヤ、モスフードサービス、セブン&アイ・ホールディングス、イオンなどの農業参入があります。

多角化戦略の代表的なモデルは、ボストン・コンサルティング・グループ（BCG）によって開発されたポートフォリオ戦略です。ポートフォリオは、もともとは有価証券の最適組み合わせを求めるモデルでしたが、今日では、事業や製品の組み合わせを求める事業ポートフォリオや「製品《プロダクト》ポートフォリオ・マネジメント（PPM）」として広く活用されるようになりました。つまり、いろいろなビジネス分野を総合したシステムと考え、各分野がそれぞれ戦略的特徴を備えて、個々の事業の役割・貢献を短期、中期、長期にわたってバランスすることにより、全体的に企業の長期的目標を達成しようとします。PPMは、図表12－1に

図表12－1　プロダクト・ポートフォリオを考えるための4象限

市場成長率	相対的マーケット・シェア 高	相対的マーケット・シェア 低
高	花形製品	問題児
低	金のなる木	負け犬

出所：J・C・アベグレン＋ボストン・コンサルティング・グループ編著『ポートフォリオ戦略：再成長への挑戦』プレジデント社，1977年，71頁。

示されるように、市場成長率と相対的マーケット・シェアを用いた4象限で戦略的立場を決定するものです[1]。4象限の意味は次のとおりです。

① 花形製品（高成長分野で相対的に高いマーケット・シェアを占めている製品）

② 金のなる木（相対的マーケット・シェアが高い反面、成長率の低い製品）

③ 負け犬（成長率も低く、相対的マーケット・シェアも低い製品）

④ 問題児（高成長期の製品ではあるが、相対的マーケット・シェアが低い製品）

重要なことは、この4象限の1つだけにとらわれることなく、適切に製品の分散が必要だということです。負け犬と思われていた、扇風機が急に売れたりします。また、このポートフォリオは「選択と集中」戦略を選ぶ際の分析枠にもなります。

2 子会社・関連会社・分社化

事業展開にあたっては、会社が自ら横や縦あるいはランダムに規模拡大していく方法もありますが、いずれの場合も子会社や関連会社をつくり拡大していく方法があります。

子会社は、親会社が発行株式の50％以上の株式を引き受けている会社で、関連会社は、20％以上50％以下の株式を当該会社が所有する会社を意味します。子会社は、通常、連結子会社と呼ばれます。親会社の連結財務諸表の対象となる子会社である場合が多いからです。

子会社の例として、トヨタの場合には、ダイハツ、日野自動車、トヨタホームがあげられます。関連会社の例として、トヨタでは、豊田通商、デンソー、アイシン精機、豊田自動織機、ジェイテクト、豊田紡織、豊田合成、愛知製鋼が有名です。

これに対して、意思決定の迅速化や利益責任の明確化、きめ細かい市場対応などを目的として分社化をする場合があります。分社化とは、社内の事業部を1つの法人として独立させることです。たとえば、三越は地方7店舗を分社化しましたし、トヨタホームもトヨタから分社化しました。

3　企業結合の種類

事業展開の方法としては、自力展開以外に、合併や買収という企業結合によっても可能です。企業結合の公正取引委員会の定義は、以下のようになっています。

① 水平型企業結合―同一の一定の取引分野において競争関係にある会社間の企業結合。
② 垂直型企業結合―たとえば、メーカーとその商品の販売業者との間の合併など、取引段階を異にする会社間の企業結合。
③ 混合型企業結合―たとえば、異業種に属する会社間の合併、一定の取引分野の地理的範囲を異にする会社間の株式保有など。

4　独占

事業規模拡大に伴い、独占禁止法に抵触する場合があるので注意しなければなりません。独占禁止法（私的独占の禁止及び公正取引の確保に関する法律）の目的は次のようになっています。

「私的独占、不当な取引制限及び不公正な取引方法を禁止し、事業支配力の過度の集中を防止して、結合、協定等の方法による生産、販売、価格、技術等の不当な制限その他一切の事業活動の不当な拘束を排除することにより自由な競争を促進し、事業者の創意を発揮させ、事業活動を盛んにし、雇用及び国民実所得の水準を高め、もって、一般消費者の利益を確保するとともに、国民経済の民主的で健全な発達を促進することを目的とする」。

公正取引委員会によれば、2018年度の独禁法違反事件により、延べ32の事業者に対して、課徴金18億9、210万円の納付命令が行われました。早期に違反行為をやめた場合は課徴金の減額がありますが、繰り返した場合などは50%加算されます。コンプライアンス経営は結局、会社を守ることになります。

独占の形態として、次のものがあります。

① カルテル

カルテルは、事業団体が、団体としての意思決定によって、構成事業者の価格、供給数量などを制限したり、入札談合を行うことで、競争を実質的に制限する行為です。これは、結果的に一社化が生じることで、発覚すれば、独禁法違反となります。

カルテルは、違法行為となる「ハードコア(紛れもない)・カルテル」と違法行為となるとは限らない「非ハードコア・カルテル」とに分けられます。ハードコアに含まれるのは、価格カルテル、数量制限カルテル、設備制限カルテルです。

紳士協定や談合も独禁法違反のカルテルとなります。紳士協定とは、相互の信頼に基づく暗黙の約束で、非公式に結ぶ取り決めのことです。談合は、入札者間で落札者を決めたり落札価格を決めたりすることで、独禁法違反のほか談合罪に処せられます。また、天下り先の提供などを求めて行政が主導する官製談合の場合、官製談合防止法で処罰されます。そのほか、共同販売を行う企業連合《シンジケート》もカルテルに含まれ、独禁法違反となります。

非ハードコア・カルテルには、特許を共同で使用する特許カルテル、特定製品に限定する製品制限カルテル、販社などを通して行われる割当カルテルがあります。

② トラスト
トラストは、企業合同とも呼ばれ、同一業種で複数の企業が資本結合によって合同・合併を行い、同一市場を1社もしくは少数の企業で支配することです。1社の市場支配は独占で、少数企業の場合は、寡占となります。

③ コンツェルン
コンツェルンは、各々独立した企業が1つの中央部によって支配・統制されているもので、英語では、ホールディングスと言います。

5 産業集積

産業集積は、「地理的に近接した特定の地域内に多数の企業が立地するとともに、各企業が受発注取引や情報交流、連携等の企業間関係を生じている状態」のことと中小企業庁では定義しています。関連企業や組織を空間的に集積させ、連携させることによってイノベーションをもたらし、競争力を高めるところにまでもっていくのがクラスターと呼ばれる状態です。

クラスターは、マイケル・ポーターによって提案されました。ポーターは地域クラスターを「特定分野における関連企業、専門性の高い供給業者、サービス提供者、関連業界に属する企業、関連機関が地理的に集中し、競争しつつ同時に協力している状態」(2)と定義しています。

関連企業や研究所を特定の地域に集積させ、イノベーション力を高めるのがクラスター戦略です。経済産業省では、産業クラスター計画に基づき、地域の経済産業局と民間の推進組織が一体となってプロジェクトを推進してきましたが、現在、これらは民間・自治体等が中心となった地域主導型のクラスターとして活動を進めています。

マイケル・ピオリとチャールズ・セーブルは、繁栄の2つの条件として、巨大株式企業によるフォード的「大量生産」と「柔軟な専門化」をあげています。[3] 彼らは、「大量生産」と「柔軟な専門化」は、経済の繁栄のために、それぞれ存続していくと指摘しました。このうち、小規模のクラフト的生産の「柔軟な専門化」は、少量多品種の生産に向いています。これは、地域産業コミュニティの重要性を強調し、技術的に精妙でありかつ高度に柔軟なネットワークをもち、柔軟な、多目的に応用できる設備を土台とし、企業間抗争を柔軟な技術革新に限定するものです。

こうしたクラスターや柔軟な専門化は、同じような特徴をもっています。たとえば、地域的な接近性があること、さまざまな共同で用いることのできる研究機関、協同組合、経営コンサルタントなどが立地していることがあげられます。具体的には、カリフォルニア州サンフランシスコの南に位置するシリコンバレーが代表例となります。

産業集積は、「外部経済」あるいは競争優位の創造などの効果が発揮されます。「外部経済」は、経済学者のアルフレッド・マーシャルによって指摘された概念です。マーシャルは、あらゆる財の生産規模の増加からもたらされる経済を2つに分類し、事業に従事する個人商会の資源、内部組織及び経営の能率に依存する経済を「内部経済」、ある産業の全体の発展、とりわけ、特定の地域における類似の特徴をもつ多くの会社からもたらされる経済を「外部経済」と名付けました。[4] すなわち、産業集積によって外部経済が活性化されて、地域の産業全体の利益が高まるわけです。以下、具体的にみていきましょう。

6 産業集積の類型

中小企業庁は、産業集積の類型を4つに分類しています。第一は、企業城下町型です。これは、特定大企業の工場の周辺に関連企業が集積したものです。例として、愛知県豊田市のトヨタ自動車、茨城県日立市の日立製作所、大阪府門真市のパナソニック、岩手県釜石市の新日本製鐵などがあります。

第二は、産地型です。これは、地場産業型とも呼ばれ、その地域に特有の商品などをつくる企業が集積したものです。地場産業には、石川県輪島市の漆器、富山県高岡市の銅器、新潟県燕市と三条市の金属加工、福井県鯖江市のめがね産業などがあります。

第三は、都市型複合集積です。これは、戦前からの産地基盤や軍事関連企業、戦中の疎開工場などを中心に関連企業が都市圏に集中立地したものです。代表的な例として、東京都の秋葉原電気街、群馬県の太田地域、長野県の諏訪地域などがあります。

第四は、誘致型複合集積で、自治体の企業誘致活動や、工業再配置計画の推進によって形成されたものです。岩手県北上市の自動車組立工場、青森県や三重県のクリスタルバレーなどがあります。

このほかに、ある大企業や大学から多数の企業が独立して集積が形成されるスピンオフ・

スピンアウト型があります。スピンオフとスピンアウトは、どちらも親会社から独立することですが、スピンアウトの場合には、親会社との関係が断たれます。また、沖縄県コールセンターのようなサービス産業集積型などの分類もあります。

産業集積地は、会社をはじめるにあたり、設立立地の選択にあたって望ましい場所であると思われます。

7 M&Aとは何か

Ｍ＆Ａは、会社の合併《マージャー》と買収《アクイジション》を意味します。これは、カルテルなどに代表される他社との協調戦略ではなく、自立化戦略です。Ｍ＆Ａを行う理由は、投機を目的とする短期的利益を追求するものと、経営多角化を目的とするものに分けられます。投機《スペキュレーション》とは、投資《インベストメント》とは異なり、キャピタルゲインと呼ばれる、購入したもの自体の値上がりを目的とすることです。たとえば、土地を買って駐車場にするのは投資で、土地を買った値より高く売ろうとするのが投機です。ここでは、株自体の値上がりを目的とするので投機になります。

経営多角化の目的は、いくつかの事業を同時に営むことによってもたらされる相乗効果である相乗効果《シナジー》、規模を拡大することによって仕入れ価格などのコストを削減する規模の経済、共通費用の節約を追求する範囲の経済、市場占有率《マーケット・シェア》の拡大による市場支配力の増加、異分野などへの参入障壁の克服、製品開発時間とコストの低減、技術の獲得や習得、管理手法の学習、ブランドの獲得などがあげられます。その他、M&Aには、成熟産業の過剰生産能力への対処、地理的に崩壊した産業にある競争相手の経営資源を統合する、ある産業を新しくつくりだすことによって産業障壁の破壊を促進するなどの理由もあります。[5]

合併とは、複数の企業が一緒になり、1つの法人格をもつことになることです。合併には、吸収された企業が消滅する吸収合併と、吸収後に第三の新しい企業として誕生する新設合併とがあります。吸収合併は、大企業がそれよりも規模の小さい企業を吸収する場合に行われ、吸収された会社は消滅します。新設合併は、同規模の会社が合併するのが一般的です。この場合、これまでの会社はすべて消滅することになります。新設合併の場合、山之内製薬と藤沢薬品工業がアステラス製薬になったようにまったく新しい会社名になる場合と、マルハニチロのように、マルハとニチロという以前の会社名が両方もしくは部分的に用いられる場合があります。

買収は、ほかの会社を株式取得などにより購入して自社の一部とすることです。買い取った会社は、全部を子会社とする場合と一部を子会社とする場合があります。

インインM&Aは国内企業間の、インアウトM&Aは国内企業による海外企業をターゲットにした、アウトインM&Aは海外企業による国内企業をターゲットにしたM&Aを意味します。アウトインは、買収後、被買収企業の生産性や収益率がさらに改善したという調査結果がありますが、残念ながら、インインは、生産性と収益率には有意な正の効果はありませんでした。[6] 57%のM&Aが失敗したとか、対等合併で成功した例は7%だった[7]という報告もありますが、事業展開の在り方の1つとして選択肢には入れておきたいものです。

M&Aは、当事者同士の見解に基づき、友好的M&Aと敵対的M&Aに分類されます。敵対的M&Aにおいては、その目的で2つの主体に分けられます。[8] 1つは、買収対象企業の株式を安値で買収し、高値で売却することを最終的な目的とする投資家でフィナンシャル・バイヤーやグリーンメイラーと呼ばれます。ほかは、買収対象となる企業との、業務上のシナジー効果を買収目的とする買収者でストラテジック・バイヤーと言います。この場合は、経営権の取得を求めています。

友好的M&Aは、倒産しそうな他社を救う場合などで、当該企業の経営陣の了解がある場合に行われます。たとえば、高松建設による金剛組のM&Aが一例です。

それに対して、敵対的M&Aは、相手方経営陣に反対されている場合です。ライブドアによるニッポン放送買収や王子製紙による北越製紙買収などがありましたが、いずれも失敗しました。わが国では敵対的なM&Aは社会的な批判が多く、成功は難しいと言えましょう。

8　M&Aの手法

Ｍ＆Ａで最初に行うべきことは、買収審査《デューデリジェンス》です。これは、買収者が公認会計士などを活用して、売買価格が適正であるか、もしくは不良債権などがないかを審査することです。具体的には、①組織や株主状況、経営陣・従業員、そして監査の状況などの基本的情報分析、②損益構造の把握と正常収益力分析のための損益計算書分析、③キャッシュフロー分析、④数値計画の信頼性と実現可能性を明らかにする事業計画分析、⑤貸借対照表項目における潜在的リスクを調査する貸借対照表分析、⑥法務、ビジネス、人事、ＩＴ、環境といったさまざまな視点から分析する総合的デューデリジェンスなどの調査が行われます[9]。

Ｍ＆Ａの目的は、相手方資産や技術であったりしますが、人材である場合は、社員の退職を防ぐための待遇を考える金の手錠《ゴールデン・ハンドカフ》が重要になります。

Ｍ＆Ａの主な方法として、①株式買収があります。具体的には、発行済み株式の取得と新規発行株式の取得です。ＬＢＯ《レバレッジドバイアウト》と呼ばれる相手方資産を担保にして資金を集めて買収する方法など、②合併、③一部の事業を売却する営業譲渡、④株式の形で行われる営業譲渡で、合併の反対である会社の反分割《デマージャー》があります。

9 M&Aと会社法

M&Aに関し、会社法では、以下のことを定めています。

① 対価の柔軟化─合併により消滅した会社の株主に、前の会社の対価として、現金以外に存続会社の株式を交付することが認められています。

② 簡易組織改編行為─株主への影響が少ない組織再編は、株主総会の決議は不要です。

③ 略式組織再編─買収会社が買収する会社の議決権の90%以上を所有している場合は、株主総会の特別決議を必要としません。

10 敵対的買収への対抗策

日本経済新聞社のデータでは、2019年現在で買収防衛策を導入している全国上場企業は、342社です。金融商品取引法は、所有割合が3分の1を超える株式取得の際は、公開買い付け《テイクオーバービッド》（TOB）を実施することや、買収側は対象企業からの質問に答えることを義務付けています。また、TOBの前にも、上場会社の株券や新株予約権付き社債などを5%

以上取得した場合は、5日以内に大量保有報告書を内閣総理大臣に提出しなければなりません。こうした法律上の予防策が成立したために、買収防衛策を廃止する企業が増加しています。

TOBとは、「上場会社の株券等について、取引所市場外で、一定の買付を行う場合に、買付者に買付期間、買付数量、買付価格等をあらかじめ提示することを義務づけ、株主に公平に売却の機会を与える制度」です。

今日の主たる防衛策は、事前警告型防衛策です。これは、毒薬《ポイズンピル》と呼ばれます。ポイズンピルは、敵対的買収者が一定の議決権割合を取得した時点で（トリガー条項）、市場価格を大幅に下回る価格で新株引受権を既存株主に与えて、買収に必要な費用を上げることです。アメリカでは、ポイズンピル許容法などの反企業買収法があります。[10]

このほかに、一般的に知られている防衛策には次のようなものがあります。

① ゴールデンパラシュート

ゴールデンパラシュートとは、乗っ取られた会社から、金のパラシュートで安全に逃げることです。買収された時に経営者に巨額退職金が支給される雇用契約を結んでおくことで、買収しても会社の価値がなくなることです。従業員の割増退職金は、ブリキ《ティン》のパラシュートと呼ばれます。ゴールデンパラシュートは、マイクロソフト社がヤフーの株を買おうとしたときに採用されました(11)。

② 白馬の騎士《ホワイトナイト》

ホワイトナイトとは、敵対的な会社ではなく、白馬の騎士のようなより好ましく友好的な会社に買収を頼んだり、合併してもらうことです。

③ クラウンジュエル

クラウンジュエルとは、王冠の宝石である優良資産を第三者に売却してしまうことです。

④ パックマンディフェンス

パックマンディフェンスとは、買収しようとしている会社を逆に買収することです。ナムコのゲームに登場するパックマンが名前の由来です。パックマンは、ある条件を満たすとモンスターを逆に食べることができます。

⑤ スーパーマジョリティー

スーパーマジョリティーとは、M&Aなどの重要な案件については、決議要件を厳しくすることです。たとえば90%などの株を有しない限り、敵対的買収ができないようにすることであきらめさせます。

⑥　高配当・高株価政策

安定株主を増やすためには、高配当が欠かせません。また、経営者は業績を高め、将来の成長を期待させる事業展開を行い、企業価値を高めるＩＲ活動を徹底することで株価を高めて、敵対的買収の対象とならないようにする義務があります。(12)

11　アライアンス

提携《アライアンス》は、パートナーシップ、連合、共同、協調的合意、戦略ネットワーク、コンステレーションズ、などとも呼ばれます。アライアンスは、「長期的取引、株式持合、共同研究開発といった独立・非独立の企業間の関係も含んだもので、契約書によらない口約束による取引からライセンシングやジョイント・ベンチャーに至るまで幅広い取引形態がカバーされる」(13)概念です。

このように、アライアンスは、多様な組織と組織、あるいは組織と個人の間における協業関係です。企業戦略や事業戦略を達成するために戦略的価値の高い資源の獲得を目指す場合は、戦略的アライアンスと呼ばれます。限定された資源及び競争の動きと技術進歩（特に技術の無境界）の速さという環境の中で、アライアンスから進展する外的ネットワークは、大変理にかなうものです[14]。

フィル・ナイトは、鬼塚アシックスのアメリカ代理店からはじめて自社製造を開始してナイキを世界一のスポーツメーカーにしました[15]。代理店というアライアンスや、タリーズコーヒージャパンのように独占契約権を取得して起業[16]するという選択もあります。

アライアンスの1つの目的は、デファクトスタンダード（市場競争によって結果的に業界標準となった規格）を獲得するためです。なお、業界や国家間の協議によってできる規格は、デジュールスタンダードと呼ばれます。デファクトスタンダードの獲得以外に、アライアンスは以下のような目的で行われます。

①　利潤の極大化を目的とするアライアンス

これには、アウトソーシング、互いのもつ特許をそれぞれ使用する権利を与えるクロス・ライセンス、OEM《オリジナル・エクイップメント・マニュファクチャリング》（相手方ブランド名製造）、EMS《エレクトロニクスマニュファクチャリングシステム》（電子部品の委託生産）、共同購買、販売提携が含まれます。たとえば、キヤノンとマイクロソフトはクロス・ライセンス、シャープは中東で液晶テレビを委託生産しています。ルノーと日産は、部品調達に共同購買を活用しています。アサヒはデンマークのビール大手カールスバーグと販売提携をしています。

② 学習の促進やイノベーションの創造を目的とするアライアンス

これには、技術提携、共同研究、製品の共同開発が含まれます。たとえば、エアバス社によれば、１００社以上の日本企業がエアバスのさまざまなプログラムに参加しています。

③ リスク分散や柔軟性の維持を目的とするアライアンス

このアライアンスは、ジョイント・ベンチャーやコンソーシアムがあります。ジョイント・ベンチャーは、「2つ以上の当事者が一緒になり、特定の商業的利益の目的を遂行するために資源を組み合わせるすべての協定」[17]のことです。ジョイント・ベンチャーの代表として、本来競争関係にある会社が特定の目的のために設立する合弁会社があります。たとえば、複数の建設会社が、1つの建設工事を受注、施工することを目的として形成する共同企業体などです。そのほか、ビックカメラとユニクロのジョイント・ベンチャーのビックロなどがあります。こうしたジョイント・ベンチャーには、注意しなければならないことがいくつかあります。たとえば、どの会社がコントロール権を握るか、会社間の葛藤、必要な会社の離別などの問題です。

コンソーシアムは、2つ以上の企業、団体、政府、個人からなる団体で、共同で何らかの目的に沿った活動を行うことを目的としています。これには、学都仙台コンソーシアムとかやまがた有機農業推進コンソーシアムなどがあります。

【註】

（1）J・C・アベグレン＋ボストン・コンサルティング・グループ編著『ポートフォリオ戦略：再成長への挑戦』プレジデント社、1977年、13頁、71－72頁、104頁。

（2）Michael E. Porter, ***On Competition: Updated and Expanded Edition***, Harvard Business School Press, 2008, p. 215.（竹内弘高訳『競争戦略論Ⅱ』ダイヤモンド社、1999年、67頁）。

（3）Michael J. Piore and Charles F. Sabel, ***The Second Industrial Divide: Possibilities for Prosperity***, Basic Books, 1984.（山之内靖・永易浩一・石田あつみ訳『第二の産業分水嶺』筑摩書房、1993年）。

（4）Alfred Marshall, ***Element of Economics of Industry***, Macmillan and Co., Limited, 1949, p. 150.

（5）Joseph L. Bower, "Not All M&As Are Alike — and That Matters", ***Harvard Business Review***, March 2001, pp. 92-101.

（6）深尾京司・権赫旭・滝澤美帆「外資によるM＆Aはより高いパフォーマンスをもたらすのか」宮島英昭編『日本のM＆A：企業統治・組織効率・企業価値へのインパクト』東洋経済新報社、2007年、81－108頁。

（7）Max M. Kroger, Fritz Kröger, and Michael R. Träm, ***After the Merger: Seven Strategies for Successful Post-Merger Integration***, Financial Times, 2000.（岩本朗訳『勝利する企業合併：合併後の統合を成功に導く7つの法則』ピアソンエデュケーション、2000年）。

（8）福谷尚久・土橋正和『敵対的買収防衛完全マニュアル』中央経済社、2008年、141－143頁。

（9）PwCアドバイザリー株式会社編『M＆Aを成功に導く財務デューデリジェンスの実務』中央経済社、2006年、49－57頁。

（10）Kenneth A. Kim, John R. Nofsinger, and Derek J. Mohr, ***Corporate Governance***, Third Edition, Prentice- Hall, 2010, p. 122.

（11）*Ibid.*, p. 121.

（12）渡邊顯『敵対的買収：新会社法とM＆A』角川書店、２００７年、２０６－２０７頁。

（13）牛丸元『企業間アライアンスの理論と実証』同文館出版、２００７年、20頁。

（14）Michael Y. Yoshino and U. Srinivasa Rangan, *Strategic Alliances: An Entrepreneurial Approach to Globalization*, Harvard Business School Press, 1995, p. 203.

（15）Phil Knight, *Shoe Dog: A Memoir by the Creator of Nike*, Simon & Schuster Ltd, 2018, p. 363.（大田黒奉之訳『シュードッグ：靴にすべてを。』東洋経済新報社、２０１７年、５１５頁）。

（16）松田公太『すべては一杯のコーヒーから』新潮社、２００２年。

（17）R. Duane Hall, *The International Joint Venture*, Praeger Publishers, 1984, p. 19.

第13章 会社の寿命

1 会社の寿命

会社は、ゴーイング・コンサーンを目的として設立され、永久に存続することが前提となっています。しかし残念ながら、命を落とす会社は多く、寿命があります。倒産です。

倒産とは、会社が経営の行き詰まりによって「債務不履行」の状態になることです。債務者自らが支払うことを約束して債権者に振り出す型式の手形である「約束手形」やほかの会社に支払いの肩代わりを委託して債権者に振り出す形式の手形である「為替手形」が支払い満期日に支払い義務を履行できずに「不渡り」となるか、小切手が不渡りとなり、債務不履行が現実化した場合に倒産となります。不渡りとは、お金が相手に支払われないことです。

現実としては、「1回目の不渡り」では倒産とならないケースが多いのですが、その後6カ月以内に「2回目の不渡り」を出すと、銀行取引停止となり、債務不履行が現実化します。この倒産の申し立ては、債務者ばかりではなく、債権者から申し立てられることがあります。

なお、「休廃業」は、資産が負債を上回る資産超過状態での事業停止、「解散」は事業継続を断念することを指し、どちらも「倒産」には含まれません。

『中小企業白書2019』によると、休廃業・解散件数は、46,724件で、倒産件数は、10年連続で減少を続けており8,235件となりました。倒産件数は減少しているものの企業数全体も減少しています。大企業も2009年から2014年まで約800社減少しました。国際的に見ると、日本の開業率は4~5%で推移し続けていますが、ドイツでは7%前後、英国では14%を超える水準で推移しています。廃業率については、日本の廃業率は4%を下回る水準で推移していますが、ドイツで7%前後、英国は11%で推移しています。

これは、絶えずイノベーションを行っていないと、老舗や大企業でも淘汰されることを物語っているのです。ゼロックス社は、世界で最初にコピーの技術を実用化した会社ですが、独占禁止法違反のため、特許を競合他社に供与した結果、日本企業にシェアを奪われることになり、100%という独占状態から14%まで下落しました。これは、ゼロックス社においてその後のイノベーションが行われなかった結果であると言えましょう。

スティーブン・ゴールドマンらは、企業が①市場の断片化、②あらゆる生産規模での注文製造、③マスの顧客を個として扱える情報能力、④製品寿命の短縮化、⑤物理的製品とサービスの融合、⑥グローバルな生産ネットワーク、⑦同時に行われる企業間の競争と協力、⑧マス・カスタマイゼーションのための流通インフラストラクチャー、⑨企業再編の嵐、⑩一般的な社会的価値の内在化を求める圧力にさらされていると指摘しています。そのため、「事業が直面する挑戦への包括的対応であり、顧客に応じて作られる高品質、高性能のモノとサービスからなるグローバルな市場が、急速に変化、断片化し続ける中で、利益を得ること」あるいは「常に思いがけずに変化する市場機会を特徴とする競争環境の中で反映できる能力」[1]として定義される俊敏性をもたなければならないと忠告しています。すなわち、容赦のない不確実な変化が新しい市場競争の形である俊敏な競争《アジルコンペティション》をもたらしているのです。スピードの競争が激化しています。こうした状況に対処することが、倒産を回避することになります。不確実とは、将来起こることの確率がわかっていないことです。

経営が悪化した場合、悪くなった部門を切り離して売却することが多かったのですが、逆によい部門を売却した方が買い手がみつかり、再生がうまくいくことが経験を通じてわかってきました。[2]

2　経営破たんの原因

経営破たんの主な原因は、会社が「ゆでガエル現象」に陥っているか、環境と戦略の不一致、競争に敗北したなどさまざまな経営上の誤りが考えられます。「ゆでガエル現象」とは、カエルを鍋でゆっくりゆでると、いつの間にか体が動かなくなり、おとなしくゆであがってしまうことを企業にたとえたものです。知らないうちに周りの環境が少しずつ変化しているにもかかわらず、何も手を打たないと破たんしてしまうという意味で用いられる言葉ですが、実際のカエルは、逃げ出すそうです。

セオドア・レビットは、「主要産業といわれるものなら、一度は成長産業だったことがある。いまは成長に沸いていても、衰退の兆候が顕著に認められる産業がある。成長のまっただなかにいると思われている産業が、実は成長を止めてしまっていることもある。いずれの場合も成長が脅かされたり、鈍ったり、止まってしまったりする原因は、市場の飽和にあるのではない。経営に失敗したからである」と指摘し、成長や衰退の原因を共通する4つの条件に求めています[3]。

① 人口は拡大し、さらに人々は豊かになり続けるから、間違いなく今後も成長すると確信している。

② 当産業の主要製品を脅かすような代替品はあるはずがないと確信している。

③ 大量生産こそ絶対だと信じ、生産量の増加に伴って、急速に限界コストが低下するという利点を過信している。

④ 周到に管理された科学実験によって、どんどん製品が改良され、生産コストを低下させるという先入観がある。

レビットは、成長できる企業は、成長のチャンスを創り出し、それに投資できるように組織を整え、適切に経営されていて、近視眼《マイオピア》ではなく先見性のある企業であると述べています。近視眼の例として、映画会社が衰退したのは、テレビの発達によるのではなく、映画産業をエンターテインメント産業として事業定義しなかったためであり、映画館で上映する映画にしか目がいかなかったことがあげられます。

こうした原因ばかりではありません。長寿企業の調査結果によれば、一番多いのは、「戦争」でした。この調査は、帝国データバンクによるもので、応仁の乱であるとか第二次世界大戦が約3割を超えています(4)。そのほか地震、火事などがあります。阪神大震災や東日本大震災は、記憶に新しいものです。こうした災難は、どんなによい経営を行っていようとも乗り越えられない場合があります。

同調査結果には、長寿企業がその困難を乗り越えられてきたのは、「いつも苦しい時になぜか誰かが手を差し伸べてくれました」、「各代の当主が、希望を失わず明るく先頭に立って生きてきたからです」があります。この支援とリーダーシップが、破たんしない鍵であると考えられます。支援は、長い時間をかけてお客様や取引先、地域との信頼関係を築いてきたことが重要で、リーダーシップは「変革し続けてきたからこそ現在がある」ということです。

後継者がいないことで倒産するケースもあります。住友の元総理事の伊庭貞剛は、「人の仕事のうちで、一番大切なことは、後継者を得ることと、そうして仕事を引き継がせる時期を選ぶことである。これがあらゆる仕事中の大仕事であると思う(5)」と語りました。中小企業の場合、事業承継計画を提出することで税の支払いが猶予される「事業承継税制」が利用できます。孫の代まで事業が承継された場合は、税の支払いが免除されます。

また、連鎖倒産に巻き込まれないようにしなければなりません。連鎖倒産とは、倒産した事業者に対して売掛金債権等を有していることにより、資金繰りに支障ができて倒産することです。中小企業庁は、連鎖倒産防止のために「セーフティーネット保障制度」を設けています。

日本政策金融公庫総合研究所によれば、新規開業企業の廃業理由は、①資金繰りが厳しい、②商品・サービスの開発がうまくいかない、③金融機関からの借り入れが難しい、④顧客開拓・マーケティングがうまくいかない、⑤原価（仕入れ・外注費）がかさんでいる、⑥経費（人件費・家賃・支払利息など）がかさんでいる、⑦受注単価・販売単価が安い、⑧生産管理・品質管理がうまくいかないなどとなっています。[6]

倒産しないためには、出血を止め、キャッシュを生む事業をみつける必要があります。7,000億円の赤字企業を引き継ぎ、V字回復を達成した日立製作所川村元会長は「業績が悪化すると、経営者はどうしても出血を止めるほうだけに意識がいってしまい、コストカットやリストラ、事業所の統廃合や不動産などの資産の整理、資金繰りに追われます。それも大事な経営手段ですが、削ってばかりいると現場の士気は落ちてしまいます。やはり、「今後われわれはこの事業に重点を置いていく」といった、前向きな改革も同時に行わなければなりません」と述べています。そして、利益率が低い製品の組み立てと流通からは撤退しました。さらに、一人ひとりが、会社から給料をもらうだけでなく「自分がみんなの給料を稼ぐ」という意識をもつようにすることが大切としました。(7)

3 倒産後の手続き

会社が倒産した場合の処理手続きには、「私的整理」と「法的整理」があります。「私的整理」は、会社に関係する人たち、たとえば債権者や株主などで話し合い、会社を消滅する「清算」か、債権者に債権を放棄してもらって会社を立て直す「再建」か、を決めます。

「法的整理」は、当事者の申請により、裁判所が介在して行われる倒産手続きです。法的整理の場合、役員会全員一致で破産を申し立てる場合は、「自己破産」になります。しかしながら、役員会で意見が一致しなかった場合、役員の1人でも破産申し立てをすることができ、これを「準自己破産」と言います。これは、法人ではなく、会社役員が破産を申し立てる制度です。例として、役員間で対立がある場合や社長だけが破産に反対しているような状況で行われます。この場合、反対する役員が破産手続き自体の差し止めを求める仮処分を申請して妨害される場合もあるので、債権者にとっても困難な事態になります。

会社再生において、全部取得条項付種類株式やデット・エクイティ・スワップ（債権の株式化）を用いることができます。(8) 全部取得条項付種類株式は、株主総会の特別決議により、会社がその全部を取得することができるような種類株式のことです。これは、100％減資により既存株式をすべて消して、金融機関や再生ファンドなどの新たな株主に資金を投入してもらうことで、株主の総入れ替えを行って会社を再生する方法です。

デット・エクイティ・スワップは、金融機関などの債権者が、債務者である会社を存続価値があるとみた場合に、債権を放棄するのでなく、株式を取得することによって、会社を再生する方法です。

「法的整理」は私的整理同様、「清算」か「再建」の道があります。清算の場合には、当該法人もしくは債権者が裁判所に「破産」を申し立てます。裁判所が破産手続き開始の決定をしたならば、「破産財団」となる企業資産を、裁判所が任命した「破産管財人」（通常は弁護士）が処分をして清算にあたることになります。

私的整理による清算ができなかった場合は、当事者の申し立てで裁判所の介入の申請ができます。これは「特別清算」と呼ばれます。

「再建」型手続きには、「会社更生法」に基づく「会社更生」があります。この場合、会社更生は、更生管財人に任されます。経営破たんにいたる前に裁判所に申請して行われるのは、「民事再生」です。その際、経営権と資産処分権は、現取締役に任されますが、裁判所が管財人に管理権を与えて再建にあたらせる場合もあります。この「再建」は、関連会社や取引会社の連鎖倒産が危惧される場合に用いられます。

実証研究は、経営危機、経営困難な状態にあった中小企業が再生を果たすのに必要なことは、①本業に収益力があること、②従業員の再生に向けての協力体制が可能であること、③金融機関や大口債権者が協力的であること、④商品・サービスの価格・品質に競争力があること、⑤商品・サービスにブランド力があること、⑥経営者の再生への意欲や能力があること、という6つの前提条件であると示しました(9)。

裁判は時間と費用がかかります。簡単で早く、安く紛争を解決する制度は、「裁判外紛争処理制度《オルターナティブ・ディスピュート・レゾルーション》（ＡＤＲ）」です。この制度により、①弁護士又は弁護士法人でなくても法務大臣の認証を受けた「認証紛争解決事業者」、たとえば日本証券業協会や社団法人日本産業カウンセラー協会などによる、有償の和解の仲介業務、②弁護士以外の司法書士、弁理士、社会保険労務士、土地家屋調査士、法律で定められたＡＤＲ機関での一定の紛争解決手続き代理が認められました。

一回くらい倒産したからといってあきらめてはいけません。シリコンバレーの経験則によれば、成功した起業家は、過去に2回、企業立ち上げに失敗しているのですから(10)。

4　事業継続

東日本大震災以降、企業の事業継続計画《ビジネス・コンティニュイティ・プラン》（ＢＣＰ）が注目されています。ＢＣＰは、災害、事故、感染症の流行、テロなどに遭遇した場合に損害を最小限に抑えながら、事業を継続していくための計画です。サスティナビリティのための一計画とも言えましょう。民間企業向けは内閣府、中小企業向けは中小企業庁、建設会社向けは国土交通省、情報産業向けは経済産業省、金融機関向けには日本銀行などが、それぞれガイドラインを設けているので参考にしてください。たとえば、中小企業庁によると、仙台の藤崎が平時からの訓練により、東日本大震災の際、顧客の安全を確保し、店舗が使えない状況の中で路上店舗を設置するなどして事業を継続するとともに、早期の店舗復旧を行った事例があげられています。

【註】

（１）Steven L. Goldman, Roger N. Nagel and Kenneth Preiss, *Agile Competitors and Virtual Organizations: Strategies for Enriching the Customer*, Van Nostrand Reinhold, 1995, p. 4 and pp. 8-9.（野中郁次郎監訳・紺野登訳『アジルコンペティション：「早い経営」が企業を変える』日本経済新聞社、１９９６年、32頁、36－38頁）。

（２）神田秀樹、前掲書、１７５頁。

（３）Theodor Levitt, "Marketing Myopia," *Harvard Business Review*, July-August, Vol.38, No.4, 1960, pp. 45-56.（有

賀裕子・DIAMONDハーバード・ビジネス・レビュー編集部訳「マーケティング近視眼」『T・レビット　マーケティング論』ダイヤモンド社、2007年、3－36頁)。
(4) 帝国データバンク史料館・産業調査部編、前掲書、29－30頁。
(5) 武田晴人「伊庭貞剛：日本型CSRの先駆者」日本経済新聞社編『日本の経営者』日本経済新聞社、2009年、75頁。
(6) 日本政策金融公庫総合研究所編、前掲書、62頁。
(7) 川村隆『ザ・ラストマン：日立グループのV字回復を導いた「やり抜く力」』角川書店、2015年、25－39頁。
(8) 神田秀樹、前掲書、176－180頁。
(9) 太田三郎、前掲書、183－222頁。
(10) Martha Amram and Nalin Kulatilaka, *op. cit.*, p. 153.（前掲訳書、187頁)。

索　引

A−Z

ADR …… 236
BCP …… 237
BOP …… 169
CEO …… 32
CFO …… 92
CI …… 159
CIO …… 92
CSR …… 168
CTI …… 135
CVC …… 46
e ラーニング …… 134
EC …… 70
e-HRM …… 147
EMS …… 224
ESG …… 165
GEM …… 42
HRM …… 130
IoT …… 74
IPO …… 23
IT …… 92
LBO …… 219
LLC …… 20
LLP …… 15
M 字型 …… 44
M&A …… 216
MBO …… 25, 137
MIS …… 92
NPO …… 180
OEM …… 224
Off-JT …… 133
OJT …… 133
P2P …… 57
PDCA サイクル …… 98
PDS サイクル …… 97
PFI …… 10
PM 理論 …… 152
PPP …… 10
QWL …… 130
RI …… 198
SOHO …… 53
SOX …… 199
SPC …… 14
SPE …… 14
SPV …… 14
STP …… 79
SWOT 分析 …… 106
TLO …… 58
TOB …… 24

X 理論　…………………………… 151
Y 理論　…………………………… 151

ア

アクセラレーター…………………54
アクティブ運用………………… 197
アメーバ組織…………………… 122
暗黙知………………………………91
意思決定……………………………27
位置決め……………………………79
一時的優位性の理論…………… 104
1 分間リーダーシップ ………… 154
イノベーション……………………37
医療法人………………………… 184
インキュベーション…………53, 59
インデックス運用……………… 197
ウォールストリート・ルール… 196
エコ・コミュニケーション…… 173
エコプレナー………………………38
エージェンシー理論…………… 198
エンゲージメント……………… 130
エンジェル税制……………………60
エンド・オブ・パイプ方式…… 164
エンプロイアビリティ……………48
オフィス内立地……………………85

カ

会計監査……………………………33
解散……………………………… 228
会社更生………………………… 235
外部経済………………………… 214
学習効果……………………………89
学習する組織………………………91
ガゼル企業…………………………52
寡占……………………………… 212
仮想商店街…………………………69
学校法人………………………… 183
株式…………………………………21
　———会社…………………………21
　———譲渡制限会社………………23
　———の持合………………… 202
株主行動主義…………………… 198
株主資本利益率……………………90
株主主権論……………………… 171
株主総会……………………………27
株主代表訴訟…………………… 204
カーボン・オフセット………… 177
カーボン・ディスクロージャー・
　プロジェクト………………… 177
カーボン・フットプリント…… 176
カーボン利益率………………… 177
カルテル………………………… 211
ガレージカンパニー………………49
環境会計………………………… 175
環境効率………………………… 174
監査委員会…………………………31
監査等委員会設置会社……………30
監査役会設置会社…………………30
間接金融……………………………90
カンパニー制度………………… 122
管理サイクル………………………97
関連会社………………………… 209
期間計画………………………… 101
企業………………………………7, 8

起業家……………………………36
企業組合………………………… 186
企業グループ…………………… 202
企業市民………………………… 167
企業戦略………………………… 101
企業内起業家……………………39
企業文化………………………… 157
企業連合………………………… 212
技術的特異点……………………63
規模の経済………………………88
基本給…………………………… 140
キャッシュフロー………………90
休憩時間………………………… 139
休日……………………………… 139
共益団体………………………… 185
共済組合………………………… 186
競争戦略論……………………… 102
協同組合………………………… 186
業務監査…………………………33
近視眼…………………………… 232
金の手錠………………………… 219
クラウドファンディング…………56
クラウンジュエル……………… 222
クラスター……………………… 213
グラミン銀行……………………39
クロス・ライセンス…………… 224
経営資源…………………………88
経営者革命……………………… 195
経験曲線…………………………89
経団連…………………………… 170
ゲートウェイサービス…………53
原始定款………………………… 2
コア・コンピタンスの戦略…… 103
ゴーイング・コンサーン…… 5, 18
公益法人…………………… 12, 183
公開会社…………………………23
公開買い付け（TOB）………… 220
公企業…………………………… 9
合資会社…………………………19
公式組織………………………… 110
公証役場………………………… 2
行動理論………………………… 151
公法人……………………………11
合名会社…………………………18
子会社…………………………… 209
国内排出量取引制度方式……… 176
個人企業………………………13, 17
コーチング……………………… 134
個別賃金管理…………………… 140
コーポレートガバナンス……… 193
雇用管理………………………… 131
ゴールデンパラシュート……… 221
コンシューマリズム…………… 164
コンセッション…………………10
コンツェルン…………………… 212
コンティンジェンシー理論…… 151
コンピテンシー………………… 136
コンプライアンス……………… 162

サ

在宅ワーカー……………………53
財団法人…………………………12
財務諸表…………………………90
逆さまのピラミッド…………… 120

サードセクター……………………11
3R ……………………………… 174
産業集積………………………… 213
360度評価 ……………………… 137
私企業……………………………10
指揮の一元性…………………… 113
事業……………………………… 8
———戦略…………………… 102
———部制組織……………… 118
自己啓発………………………… 134
自己実現………………………… 151
自己破産………………………… 234
市場………………………………69
———細分化……………………79
持続可能性……………………… 169
シード（種）投資………………46
支配の三類型…………………… 111
私法人……………………………11
資本金…………………………… 3
指名委員会………………………30
———等設置会社………………30
社員………………………………18
社会起業家………………………38
社会福祉法人…………………… 184
社訓………………………………99
社是………………………………99
社団法人…………………………12
社風……………………………… 157
宗教法人………………………… 184
俊敏な競争……………………… 230
状況適応理論…………………… 124
証券取引所………………………23
商号……………………………… 1
上場………………………………23
情報の非対称性………………… 188
常務会…………………………… 202
職能……………………………… 9
———あるいは機能戦略…… 102
———部門組織……………… 117
所定外労働……………………… 139
ジングル…………………………78
人事管理………………………… 130
人事考課………………………… 136
人的販売…………………………87
スタートアップ…………………35
ステークホルダー……………… 172
スーパーマジョリティー……… 222
スピンアウト…………………… 216
スピンオフ……………………… 216
スポンサーシップ……………… 135
成果主義………………………… 142
製品ポートフォリオ・マネジメント
（PPM） ……………………… 207
生物多様性条約………………… 167
整理解雇………………………… 146
設立登記………………………… 3
セールス・プロモーション………87
ゼロクリックコマース……………70
戦術計画………………………… 101
戦略計画………………………… 100
戦略パレット…………………… 105
相互会社…………………………33
総資産利益率……………………90
相乗効果…………………………85

相対的配置…………………………124
組織変革…………………………126

タ

第一セクター……………………… 9
第三セクター………………………10
第二セクター………………………10
代表取締役…………………………31
ダウ平均株価……………………197
タスクフォース…………………107
談合………………………………212
懲戒………………………………146
———解雇……………………146
直接金融……………………………89
賃金形態…………………………141
賃金支払いの5原則……………141
賃金総額管理……………………140
賃金体系…………………………141
定款………………………………… 1
提携………………………………223
デジュールスタンダード………224
デット・エクイティ・スワップ
……………………………………235
デファクトスタンダード………224
テレワーカー………………………53
投機………………………………216
倒産………………………………228
投資………………………………216
統制範囲の原則…………………115
特性理論…………………………151
独占禁止法………………………210
独立生産者…………………………41
特区…………………………………86
ドットコム企業……………………81
ドミナント出店戦略………………84
友だち起業家………………………40
トラスト…………………………212
取締役会……………………………29
トリプル・ボトム・ライン……169

ナ

内製率………………………………88
内部経済…………………………214
日経平均株価……………………197
日本公庫……………………………55
二毛作立地…………………………85
認定NPO法人 …………………182
認定創業スクール…………………57
年功賃金…………………………142
年次有給休暇……………………139
暖簾………………………………162

ハ

買収審査…………………………219
破壊的イノベーションの理論……80
バーチャルネットワーク組織…122
パックマンディフェンス………222
パートタイム起業…………………46
パブリシティ………………………87
範囲の経済…………………………88
ビジネスプラン……………………60
ピボット戦略……………………102
標的市場の決定……………………79
フィランソロピー………………166

複合立地……………………………85
フランチャイズ……………………44
ブランド……………………………76
ブルー・オーシャン戦略……… 103
プロジェクトチーム…………… 106
プロダクトアウト…………………72
プロモーション……………………87
不渡り…………………………… 228
分社化…………………………… 209
ペーパーカンパニー………………15
変革理論………………………… 151
ベンチマーキング……………… 126
ベンチャー・キャピタリスト……45
報酬委員会…………………………30
募集設立……………………………26
ホーソン実験…………………… 111
発起設立……………………………26
発起人……………………………… 1
ホワイトナイト………………… 222

マ

マーケットイン……………………72
マーケティング……………………72
——・ミックス……………………72
マトリクス組織………………… 119
マネジメント……………………… 4
マネジリアル・グリッド……… 126
ミッション…………………………99
民法組合………………………… 185
無限責任……………………………17
命令の一元性…………………… 113
メセナ…………………………… 166
目標管理制度…………………… 137
持分会社……………………………20
モバイル・マーケティング………70
モンタン共同決定法…………… 200

ヤ

有限会社……………………………20
有限責任……………………………21
——社員……………………………19
ゆでガエル現象………………… 230
ユニコーン…………………………43
4P …………………………………72

ラ

ライフサイクルアセスメント　177
ライフサイクル理論…………… 152
ライン・アンド・スタッフ組織
…………………………………… 116
ライン組織……………………… 116
リアル・オプション・アプローチ
…………………………………… 105
リード・ユーザー…………………74
倫理……………………………… 163
例外の原則……………………… 114
連結ピン組織…………………… 122
連合オランダ東インド会社……… 7
労働時間………………………… 138
ロジスティクス……………………81

《著者紹介》

鈴木好和（すずき・よしかず）

東北大学大学院博士課程修了　博士（経営学・東北大学）

東北学院大学教授　専攻：人的資源管理論

【主要著作物】

『組織理論』（共訳）八千代出版，1985 年。

『コンピュータ会計情報システム』（共訳）白桃書房，1986 年。

『経営・会計の現代的課題』（共著）白桃書房，1989 年。

『地方行政革命』（共著）富嶽出版，2007 年。

『社会科学の新展開』（共著）富嶽出版，2008 年。

『経営学の基本視座』（共著）まほろば書房，2008 年。

『21 世紀の診断』（共著）富嶽出版，2010 年。

『企業を世界一にするインターナル・マーケティング』創成社，2017 年。

『人的資源管理論［第 5 版］』創成社，2018 年。

『文化会計論集』（共著）富嶽出版，2018 年。

（検印省略）

2017 年 3 月 20 日　初版発行
2020 年 3 月 20 日　第 2 版発行　　略称―つくり方

会社のつくり方［第２版］
―経営学の理論に基づく起業―

著　者　鈴 木 好 和
発行者　塚 田 尚 寛

発行所　東京都文京区春日 2－13－1　株式会社　**創 成 社**

電　話　03（3868）3867　　F A X 03（5802）6802
出版部　03（3868）3857　　F A X 03（5802）6801
http://www.books-sosei.com　振　替　00150-9-191261

定価はカバーに表示してあります。

ISBN978-4-7944-2562-1　C3034
Printed in Japan

組版：ワードトップ　印刷：エーヴィスシステムズ
製本：エーヴィスシステムズ
落丁・乱丁本はお取り替えいたします。